Sobre las buenas amistades

Aitor Yraola

Primera edición: febrero, 2025

ISBN: 978-84-10484-22-1
Autor: Aitor Yraola
Edición: Andrés Cárdenas

Rapitbook Editorial S.L.
07009 Palma de Mallorca
www.rapitbook.com

Impresión y encuadernación:
Impresrapit S.L.
www.impresrapit.com

Impreso en España - *Printed in Spain*

'Skaldið skilur án skilnings,
skáldið sér með lokuð augu.
Fyrir skáldi er tilfinningin það sem skilningur er öðrum'.

Guðbergur Bergsson. *Litla hugsanabókin.*

'Bueno es el alma que desdeña los golpes de la fortuna y se complace en la virtud, o una fuerza de alma invencible, experimentada, sosegada en la acción junto a mucha humanidad y desvelos hacia sus semejantes. También se puede decir que el hombre feliz es aquel para quien no existe lo bueno y lo malo, sino un alma buena o mala, que practica el bien, se alegra con la virtud, que no se exalta ni se abate por los golpes de la fortuna, que no conoce mayor bien que el que se emplea consigo mismo, para quien la verdadera voluptuosidad es el desprecio de las voluptuosidades'.

Séneca. *De la brevedad de la vida.*

'Las acciones son palabras en movimiento. Las palabras son pensamientos expresados. Los pensamientos son ideas formadas. Las ideas son energías reunidas.Las energías son fuerzas liberadas. Las fuerzas son elementos existentes. Los elementos son partículas de Dios, porciones del Todo, la sustancia de todo'.

Neale Donald Walsch. *Conversaciones con Dios.*

Índice

Prólogo

Los filósofos constatan que pocos seres humanos podrían vivir sin amigos. La amistad es un tema central en la ética antigua, especialmente en Aristóteles que dedicó los libros *VIII* y *IX* de su *Ética a Nicómaco*, a este tema y llegó a decir que: 'nadie querría vivir sin amigos aún estando en posesión de todos los bienes materiales'. La filosofía moderna pasó por alto el papel de la amistad en la vida moral hasta el desarrollo de la ética de la virtud. En la actualidad la amistad se ha convertido en el fundamento de nuestra cultura de la sociabilidad acrecentada por una tecnología de encuentros virtuales instantáneos que facilitan el contacto humano aunque, en ocasiones, de forma limitada. Sin embargo, a pesar de que los vínculos amistosos ocupan un lugar importante en nuestras relaciones cotidianas, y que sabemos diferenciarlos del amor, la relación filial o la camaradería, a menudo tenemos dificultades para definir la especificidad de las relaciones de amistad. En general existe amistad cuando se establece un vínculo caracterizado por un acuerdo sobre fines, proyectos y formas de pensar o juzgar que se establece en confianza con benevolencia recíproca. El hombre es un ser social y la amistad constituye la forma más satisfactoria de realizar su sociabilidad. En este libro muestro algunas de las relaciones de amistad más sobresalientes que he tenido el privilegio de establecer a lo largo de los años. En mi primera juventud la familia Barranco me invitó a compartir varias navidades en el pueblo de Sotillo de la Adrada y así pude ascender al pico de El Mirlo (en la Sierra de Gredos) que me brindó la perspectiva de los primeros horizontes lejanos. En El Cairo, el pintor Lambro Vassiliadis me descubrió la belleza del Arte árabe cuando le acompañaba a subastas compartiendo con él viajes y conversaciones por todo Egipto, y en Matrouh, -cerca de la frontera libia- compré una alfombra beduina que me transportó hasta la Última Thule. Con el inexorable paso del tiempo pude recuperar la amistad con una querida amiga de la adolescencia que me confesó la amargura de su fracaso matrimonial en una dolorosa carta, esa amistad ha permanecido hasta el presente. Borges recordaba en sueños y soñaba con el jazmín, que no puede saber que lo sueñan, y escribió una magnífica poesía sobre la España de los patios, las piedras piadosas de las catedrales y santuarios, de la hombría de bien y la *caudalosa amistad*. Ya instalado en el ancho mundo pude encontrarme con José Luis Messía, Marqués de Busianos, con quien establecí una profunda amistad durante muchos años. El Embajador Messía, en un alarde de ingenio diplomático, introdujo España en Europa *por palabra de honor*, gesta que le valió premios, distinciones oficiales y extraoficiales como la inclusión en un restaurante de Viena del: *Olivenhaim*, un plato que figura en el menú y reza así: *Foie-gras caliente Marqués de Busianos*. José Luis Messía fue amigo, protector, consejero quien, -en su lecho de muerte- preguntó por mi azarosa vida. Con Álfrún Gunnlaugsdóttir, catedrática de Literatura, compartí largas conversaciones en la Universidad de Islandia, fundó el Departamento de Literatura Comparada y ha sido considerada además una renombrada escritora. Mario Iglesias, cubano genial que abandonó la isla para establecerse en Columbus, Ohio en los años sesenta, fue un colega admirable que causaba admiración entre sus estudiantes por su gran sentido del humor. A su fallecimiento la Ohio State University ofreció en su memoria una beca de estudios: *Mario Iglesias Teaching Award of Spanish or Portuguese languages, literature and/or culture.*

No es frecuente hacer un nuevo hermano en el curso de la vida pero así ha sido con Miguel Ángel Quesada Pacheco, Académico por Costa Rica de la RAE y genio del estudio de lenguas raras en Centroamérica. En otra órbita, Jaime Salinas fue pareja del escritor islandés Guðbergur Bergsson o *Berg* para los amigos y durante sus visitas a Islandia nos hicimos amigos. Sus *Memorias* revelan la modestia, inteligencia y caballerosidad que le caracterizaban además de haber tenido una vida llena de aventuras y no solamente como respetado editor. Guðbergur Bergsson ha sido, hasta su reciente fallecimiento, la otra cara de la amistad con Jaime, un escritor que despertó la conciencia de los islandeses y en un golpe postumo de ironía orquestó su funeral en la Ópera de Reikiavik en un ataúd color rosa marca Ferrari.

El encuentro con Delfín Colomé cuando era diplomático en la Embajada de Noruega fue un feliz hallazgo; humanista, músico, me abrió la fontanería de la administración en el MAE y juntos hicimos maravillas culturales. Llegó a ofrecerme abrir un Instituto Cervantes en la diminuta ciudad de Reikiavik aunque yo le convencí para que se inaugurara en Estocolmo. Con Carlos Saura y Eulalia Ramón tuve un encuentro fortuito que propició mi admiración por la obra del famoso cineasta. Conservo una carta suya de agradecimiento que podría tener un valor incalculable. Cilla Thorell, conocida actriz sueca con quien mantuve un romance mágico y muchos secretos, fue la culpable de que plasmara sentimientos sobre el papel como ella lo hacía actuando en el escenario del teatro.

De regreso a España tras una larga estancia en el extranjero, he tenido el privilegio de hacer nuevas amistades y mantener encuentros conmovedores como con los discapacitados de la Fundación Gil Gayarre quienes, con su inocencia, me enseñaron a sentir la vida de forma más intensa. Tras una serie de entrevistas en una revista de alcance municipal que mostrando una imagen de *rara avis* me catapultaron a la fama, tuve la grata oportunidad de conocer al General de División Vicente Díaz de Villegas, magnífico militar, coautor del libro: *Sobre la Historia y la Guerra en Ucrania*, y a su compañero de armas en la Escuela Militar de Montaña de Jaca: José Jayme Bravo, teniente coronel retirado, seguidor de Amundsen en la exploración de la Antártida y las Regiones Polares. Y sobre guerras, haber conocido a Tamara Kondratyuk, -ciudadana ucraniana afincada en España- que revela en su biografía como testigo presencial en su ciudad natal: Rivne la barbarie rusa. Como contrapunto de los vaivenes y mareas de la vida me reencontré,- en un corto viaje a Reikiavik- con el afamado escritor islandés Hallgrímur Helgason (1959-) para agradecerle la cesión de una de sus pinturas, ocasión que me permitió también pedirle que firmara y dedicara unas postales para la posteridad. Javier Láinez López es mi primo hermano, párroco en la Parroquia San Josemaría de Aravaca, un santo varón que ha dedicado la vida a servir al prójimo.

Como punto final de este magnífico libro se incluyen; la triste historia de una niña que no pudo ser amiga de un chiquillo palestino a causa del fanatismo, una cita poliédrica que describe la frustración de Don Juan Tenorio para encontrar, -armado con un clavel- a su ansiada dama, otro relato corto sobre un viaje a la ciudad de Oslo y sus gentes, muestra de *surrealismo ártico* puro, y finalmente, un artículo sobre la Guerra civil española en Santander: 1936 porque la barbarie de las guerras pasadas pero no olvidadas aún está presente en este siglo.

Aitor Yraola
Presidente
Académicos sin Fronteras

3ew2s

Sotillo de la Adrada y la familia Barranco

'Sotillo de la Adrada es un municipio de España perteneciente a la provincia de Ávila, Comunidad Autónoma de Castilla y León. Situado en la comarca de San Pedro, también conocida como comarca del Valle del Tiétar, cuenta a fecha de hoy con una población de unos cuatro mil habitantes y su patrona es la Vírgen de los Remedios. El municipio se encuentra en el macizo oriental de la Sierra de Gredos situado en una llanura que se rompe en minúsculas cotas cerca del nacimiento del río Tiétar y está rodeado por bosques que delimitan al este con Santa María del Tiétar y Cenicientos, al norte con Casillas y El Barraco, al oeste con La Adrada, y al sur con Fresnedillas e Higueras de las Dueñas.

Aunque en la *Crónica de la Población de Ávila* se alude a una batalla de Sotillo en la que los caballeros de Ávila, en su afán por expandirse hacia el sur, consiguieron una victoria sobre los musulmanes, por no estar descrito el campo de batalla con precisión, no puede asegurarse que se trate de este pueblo. Se puede afirmar sin embargo que el pueblo tiene una larga tradición ganadera y que su pasado estaría ligado a Raimundo de Borgoña cuando en 1182 emprendió la repoblación de toda la provincia abulense. En 1393 el pueblo, como parte del Señorío de La Adrada, fue concedido a Ruy López Dávalos. La historia del pueblo está ligado al antiguo Estado de La Adrada que perteneció a Don Álvaro de Luna allá por 1423. En 1570 pasó a ser propiedad del Marqués de la Cueva y Portocarrero y se tienen datos de que ya existía como aldea en 1561, con sus propios alcaldes y regidores, aunque siempre dependiente de la villa de La Adrada. Esta subordinación y proximidad con la localidad vecina influyó en que Sotillo no tuviera concejo propio hasta 1571.

Durante todo el siglo XVI, el pueblo experimentó un gran crecimiento de población llegando a ser el lugar más poblado del Alto Tiétar superando incluso a la villa próxima de La Adrada, una prosperidad originada por la agricultura y el comercio locales y como aportaba cuantiosos beneficios consiguió el título de villa en 1642, bajo el reinado de Felipe IV, tal y como indica la *Carta de Concordia*. Este hecho otorgó a Sotillo una total independencia para gestionar la justicia y su administración en el propio término municipal y el pueblo pasó a llamarse *Sotillo de la Adrada*, nombre que se mantiene hasta la actualidad. La suavidad de las lomas y un campo abierto propició un rápido auge demográfico, ya que un suelo sin arbustos, con abundancia de llanos y onduladas lomas, permitieron actividades agrícolas de interés para el abastecimiento de la meseta norte. En el *Diccionario geográfico-estadístico-histórico de España y sus posteriores de Ultramar*, ordenado por Pascual Madoz entre 1846 y 1850, se relata de Sotillo de la Adrada lo siguiente; 'Tiene 260 casas, la del ayuntamiento, escuela de ambos sexos dotada con 1.900 reales, una iglesia parroquial (la Santísima Trinidad), curato de primer ascenso y provisión ordinaria, dos ermitas con culto público a espensas (*sic*) de los fieles y un cementerio en parage (*sic*) que no ofende la salud pública. Población, 230 vecinos'.

En la actualidad Sotillo de la Adrada es uno de los enclaves de mayor valor turístico de la provincia de Ávila, con un envidiable patrimonio natural que atrae en cualquier época del año a numerosos viajeros y amantes de la naturaleza. El pueblo se ha convertido en el pueblo más importante del Alto Tiétar por los servicios que posee y su gran número de comercios. La población suele triplicarse en verano con residentes de Madrid que se alojan en casas de verano'.

Sí, me enteré de que mataron al sereno muchos años después. Fueron unos borrachos desalmados que le dieron una paliza brutal dejándolo inconsciente en la acera, era asturiano y siempre que yo regresaba a casa tarde me abría el portal con presteza; tenía una mirada cansada pero siempre acertaba con una palabra amable, y cuando de niño, me ayudaba a encontrar el bar donde mi padre bebía hasta apenas mantenerse en pie. Sí, mi madre solía despertarme de madrugada para que me apresurara a ir a buscarle por los bares del barrio y me bajaba corriendo las escaleras hasta la calle, a veces descalzo, en cualquier época del año, angustiado porque le hubiera podido suceder algo grave e imaginando toda clase de peligros. Ese recuerdo me trae a la memoria sentimientos amargos José Luis. Mi madre me confesó antes de morir lo mucho que había sentido haberme obligado a llevar a cabo una tarea tan ingrata, ir a sacar a mi padre de los bares para pedirle que viniera a casa. El portal de nuestro edificio, en el barrio de Argüelles, fue una encrucijada de sentimientos contradictorios y aprendí pronto a distinguir los más valiosos; aquellos que me obligaban a superarme, a ascender y tratar de encontrar sentido a la vida. Vuestra casa de verano en Sotillo de la Adrada, en Arroyolobo, con tus padres, la pandilla y sobre todo tu amistad me tendieron una mano invisible que me animó a alcanzar en solitario y con diecisiete años el Alto del Mirlo, a 1768 metros de altitud, en pleno invierno, y desde su cumbre helada, pude entrever con claridad que el Universo me tenía preparadas muchas sorpresas, dulces y dolorosas, intuyendo ya entonces que iba a viajar y aprender lenguas exóticas por el sinuoso camino de la vida aunque sin perder nunca de vista el recuerdo de esa cumbre majestuosa.

Nuestra educación fue un fraude, un mediocre maestro de escuela, don Pablo, transformó una vaquería situada en la calle Gaztambide en una altisonante: *Academia España*, un centro escolar para estudiantes de bachillerato. Y hasta ahí llegamos, José Luis, tú desde las viviendas para militares del barrio y yo desde la calle Galileo donde viví con mi familia hasta que nos mudamos al barrio de Manoteras, al norte de Madrid, cuando ya había empezado a estudiar en la universidad. No aprendimos nada útil, los profesores estaban chiflados; el de Química daba las clases bebido, don Juan, el de Matemáticas, otro tanto, se iban juntos en las pausas a tomar copas al bar más cercano, el de Física era un ex boxeador mujeriego, camisa abierta y pantalones acampanados. Don Ernesto, taciturno, gafotas y serio, nos enseñó un inglés del tres al cuarto en un aula que parecía más bien un dormitorio, ya que las clases de la Academia se impartían en dos plantas de un edificio de viviendas y las aulas, con estrechos pupitres de madera, se habían adaptado a las habitaciones de unos pisos reformados. La Filosofía la daba un iluminado que siempre llevaba razón en sus largas y aburridas conferencias sobre Santo Tomás de Aquino, y la Historia del Arte la explicaba un pintor sensible y apasionado al que siempre le presentaba trabajos de curso, tal era mi admiración por el Arte. La Gimnasia se cursaba en un sótano sin apenas ventilación, asignatura que convalidaba siempre porque solía entrenar natación en el estadio de Vallehermoso. La Religión era otra *maría* que aprobar y si bien recuerdo mi amistad con el párroco de la Iglesia de Santa Rita, –

profesor en la Academia- me permitió que siempre nos prestara en el edificio adyacente de la iglesia una sala para que celebráramos guateques, y así me convirtiera en la estrella de la pandilla. Y luego quedaba el respiro de los bocadillos de mortadela en la carnicería de enfrente o los frontones improvisados en la terraza del piso-Academia con pelotas de papel.

Y cuando llegaba la Navidad, y la situación en mi casa se hacía insoportable, cuando me invadía la tristeza, entonces me invitábais a ir con vosotros a Arroyolobo, la urbanización en Sotillo de la Adrada donde tus padres tenían la casa de verano. Tus abuelos maternos habían nacido allí, eran bien conocidos en el pueblo, tenían tierras, una serrería y por pura bondad tus padres me acogían durante las fiestas como un hijo más, dormíamos los tres en la misma habitación, tú, el primo Enrique que vive en Oviedo y yo, y cuando no había sitio en la casa plantaba una tienda de campaña en el bosque cercano y pasaba las noches escuchando el murmullo del río, los ladridos distantes de los perros de los pastores o el repicar de la iglesia que resonaba por todo el Valle de Iruelas. Y durante el día la pandilla de La Adrada organizaba meriendas y guateques en el garaje de tu tío Fernando no lejos de la piscina de la urbanización. Durante esos tres años de adolescencia ninguno de nosotros sabíamos qué nos depararía la vida, vivíamos en la edad de la inocencia. Pablo, el hijo del violinista de la Orquesta Nacional, se convirtió en vagabundo oficial, fue concejal un tiempo, constructor aficionado y aún vive en Piedralabes, Julio se quedó huérfano, lo adoptó un tío suyo y se marchó a vivir a Antequera en Andalucía. Tu primo Antonio se casó con una gallega, vive en el norte y no le has vuelto a ver y su hermana, Carmen, vive en Madrid, tiene una casa de verano en Sotillo de la Adrada, trabaja en seguros y me cuentas que ha engordado mucho. De Alberto ya me dijiste que le contrataste en tu empresa, se jubiló y divorció casi al mismo tiempo, y ahora vive solo en Alpedrete cerca de El Escorial. De tí ya me has contado lo mucho que has hecho en tu vida, dejaste a tu novia francesa, luego hubo otras, de Sotillo, hasta que encontraste a Emilia y te casaste con ella. La Topografía te llevó primero a León y con la misma empresa has viajado por toda España deshaciendo calles, tendiendo vías de tranvía, construyendo autopistas y puentes, dirigiendo obreros y recibiendo a exportadores japoneses que alababan tu capacidad de trabajo. Tienes tres hijos y siete nietos y eres feliz, tus tres hermanos te quieren y celebras efemérides con ellos en Sotillo. Yo sin embargo me salí de la tangente, he sido el único de la pandilla que se marchó a vivir al extranjero. Como sabes me equivoqué al haber elegido la Escuela de Arquitectura, en Sevilla, hasta que decidí finalmente seguir estudios de Humanidades que me abrieron el camino a un mundo interior y más adelante me permitieron vivir y trabajar en varios países; Alemania, Islandia, EE.UU, Egipto, Noruega, América Latina y casi toda Europa. Tuve que abrirme camino entre extraños, abandonar mi país, en Islandia me casé y fundé una familia, tengo tres hijos que viven lejos de mí y han sabido establecerse bien en tierra extraña, son cosmopolitas, ciudadanos del mundo, trabajan en lo que desean y son felices en; Londres, y Reikiavik.Y ahora, en el ocaso de la vida, he regresado a España para fundirme con mis raíces, hablar en mi lengua materna y contemplar los horizontes de un país al que siempre he pertenecido sin ser bien consciente de ello porque conseguí, con mucho esfuerzo, aceptar también la identidad que me brindaron los países en los que he vivido y por eso mi verdadera casa es el mundo. He tenido la fortuna de haber celebrado nuestro reencuentro con un viaje al pasado con una visita a la inolvidable casa de verano y un almuerzo intemporal donde me desbordaban los recuerdos y he podido recuperar también una amistad que ha permanecido latente como un manantial oculto a lo largo de todo este tiempo, darme cuenta de que el cariño que me profesaron tus padres es inmortal y la cumbre del Mirlo fue una premonición de mi vida. Tu madre, Carmen, desbordaba cariño hacia todos y en la casa se las arreglaba siempre para darnos de cenar, y tu padre, fumando en pipa frente a la chimenea, solía pedirme que fuera a jugar con él con sus barcos teledirigidos en una presa cercana porque, más que un oficial del Ejército del Aire, era un niño grande con un corazón de oro, ambos yacen juntos en el cementerio de Sotillo de la Adrada, descansen en paz:

'¿Por cuantas carreteras debe caminar un hombre / antes de que lo llames *hombre*? /¿Cuantas veces debe un hombre mirar hacia arriba / antes de poder ver el cielo? /¿Cuantos años debe existir una montaña / antes de que se la trague el mar? / La respuesta, amigo mío, es soplar al viento'.

Bob Dylan. *Soplando al viento.*

'Yo tenía un maestro cuando estaba en la escuela. / Después fui maestro y creí triunfar. / Escucha el final. Todo esto es tan solo / un puñado de polvo bajo el soplo del viento'.

Omar Jayyam. *Rubaiyyat.*

' No me preguntes:
¿Qué es la salvación o dónde encontrarla,
Yo no soy investigador, sino sólo poeta.
Vivo pegado a esta tierra.
Ante mí fluye el río de la vida.
Llevando en su corriente luz y sombra, bien, mal
ganancia y pérdida, lágrimas y risas,
cosas que se entremezclan ¡Y se olvidan!
sobre sus aguas, el alba llega con profundos
matices,
el ocaso extiende su velo carmesí,
y los rayos lunares caen como el suave tacto de
una madre.
En la noche oscura las estrellas elevan sus
oraciones;
sobre sus olas, silencioso baila mi corazón,
entonces en ese ritmo están mis límites y mi libertad.
No deseo conservar nada, ni aferrarme a nada.
Desatando los nudos de la unión y la separación,
quiero flotar con el todo,
alzando mis velas al viento flotante.

¡Oh gran Caminante!
para tí se abren los diez caminos en los confines
de la tierra,
no tienes templo, ni cielo, ni extremo final.
A cada paso tocas el sagrado suelo.
Caminando a tu lado, ¡Oh, Incansable!
encuentro la salvación.
En el tesoro del camino, en luz y sombra,
en las páginas siempre nuevas de la creación,
en cada nuevo momento de disolución
resuena el ritmo de tus danzas y canciones'.
Rabindranath Tagore. *Últimos poemas.*

'...ante el asedio de micrófonos
que diecinueve hombres de prensa
blandían como cachiporras
Mambrú, oprimido pero afable sólo alcanzó a decir:
Señores,
no sé de qué me están hablando,
traje una brisa con arpegios,
una paciencia que es un río,
una memoria de cristal,
un ruiseñor, dos ruiseñoras
traje una flecha de arco iris
y un túnel pródigo de ecos,
tres rayos tímidos y una sonata para grillo y
piano,

traje un lorito tartamudo
y una canilla que no tose,
traje un teléfono del sueño,
y un aparejo para náufragos,
traje este traje y otro más,
y un faro que baja los párpados,
traje un limón contra la muerte
y muchas ganas de vivir.
Poquito a poco aquel asedio
se fue estrechando en un abrazo
y Mambrú viejo y joven y único
sintió por fin que estaba en casa'.

Mario Benedetti. *Mambrú se fue a la guerra.*

Todo fluye en Tesalónica

Sí, ya sabes que vivo en Tesalónica. Años atrás alquilé una casa en El Cairo, en el barrio de Zamalek, y también viví en Roma, y he dedicado toda la vida a la pintura y al comercio de antigüedades. Ahí fue donde te conocí, en esa ciudad ruidosa y polvorienta a orillas del desierto. Soy un artista y mi obra se conoce en Italia y Grecia, también en Alemania donde he expuesto en conocidas galerías como la Kalfayan. Pinto desnudos masculinos, torsos de adonis alados, decoro chalets y pisos de millonarios, acudo a subastas y vivo intensamente. La vida pasa deprisa, no ha de perderse un minuto en disfrutar de los pequeños y grandes placeres que nos ofrece. He tenido varios amantes pero Nur ha sido, sin duda, mi gran amor y con quien más tiempo viví, *nur* significa *luz* en árabe, y cierto que ha sido una antorcha en mi camino. Te escribí hace muchos años cuando emigraste a Islandia y a pesar de que ya eras padre de un hijo no pude evitar confesarte mi cariño, siempre fuiste mi amor platónico y pronunciar tu nombre me causaba escalofríos. Recuerdo con nostalgia nuestras visitas a exposiciones y subastas, nuestras cenas con amigos junto al Nilo y tu sonrisa franca bebiendo cerveza italiana. Ya te conté que me costó mucho mudarme a Grecia pero finalmente me decidí, restauré primero la casa que heredé de mi madre en Tesalónica, y en la primavera de 1991 metí todos los muebles en un contenedor; mis pinturas y los objetos de valor que no pude vender y me puse en camino hacia el pasado, en busca de mis raíces griegas. ¿Recuerdas nuestro viaje a Matrouh, casi en la frontera con Libia? ¿qué ha sido de la alfombra beduina que compraste a lo largo de toda una mañana? ¿negociando durante horas con el comprador sólo para divertirte?. Fue un viaje interminable por el desierto en un autobús destartalado, aún tengo arenilla en el alma, también recuerdo a Fernando, el consejero comercial, con quien nunca pude intimar y, tras tu partida en 1980, perdí también de vista a Adrián, el profesor arabista con quien enseñabas en el Centro Cultural Hispánico. *Πάντα ῥεῖ, todo fluye* como decimos en griego. Tengo la sensación de que disfrutabas más acudiendo a subastas de arte que dando clases de español. He expuesto recientemente en Atenas y por fortuna vendí todas mis obras. Mi próxima exposición será en Roma donde además ayudaré a un amigo a decorar su restaurante pero antes he de viajar a Marruecos, a Rabat, para comprar unas alfombras para un cliente exigente.

Te echo de menos a pesar de todos estos años y eres una de las pocas personas que permanecen vivas en mi memoria. Nadia Suárez, –la mujer del cónsul- me ha invitado a pasar una temporada con ellos en Lyon y sueño con quedarme allí buena parte del verano. Sigo soltero y me siento vacío, el arte es una forma de compañía, no he podido encontrar a alguien como Nur, paso muchas horas de soledad por eso te escribo ahora a tu nueva dirección, para saber de tu vida, de tu familia. Te parecerá ridículo pero siempre que empiezo a escribirte siento que me dirijo a Dios, *Jesús* es un nombre judío ¿sabes?, viene del arameo, *yeshúa*, y a través del griego *Iesoús* llegó al latín *Iesus.*

Estoy intentando reunir el dinero suficiente para comprar el ático de mi casa que me han dicho saldrá a la venta pronto, tiene una terraza inmensa desde la que se divisa el mar y podría ser una buena inversión para el futuro ya que como artista vivo día a día, entregado por completo a la pintura, a la perfección de cada lienzo aunque a veces pinto retratos por encargo.

Recuerdo lo mucho que me impresionó tu carta cuando me dijiste que te mudabas a Noruega con toda tu familia tras vivir una horrible experiencia de la que poco me contaste. Me pareció extraño que no consideraras entonces regresar a España, tu país después de todo, y que hubieras preferido quedarte en el mítico Norte, un lugar nebuloso para mí. Nunca pude ir a visitarte y ahora, en una silla de ruedas tras mi accidente, menos aún. Los médicos no me dicen cuándo podré volver a caminar aunque guardo la esperanza de que sea pronto. ¿Recuerdas lo que te dije en una carta de principios del milenio?, justo me viene ahora a la mente; 'Esperemos que el nuevo siglo nos traiga menos violencia. Vivimos en un mundo de ideales rastreros, falta de ética, pobreza moral y cultura de masas'. No parece que en las últimas décadas hayamos avanzado mucho más, lamentablemente.

Nur me ha escrito hace una semana, va a venir a visitarme desde El Cairo y me hace mucha ilusión, siempre le quise con locura. Sé que todo ha cambiado en mi vida desde mi accidente pero el cariño que te profeso permanece a pesar del tiempo y por eso me he decidido a mandarte unas líneas. Espero tener pronto noticias tuyas. Lambro Vassiliadis'.

Splendide exposition d´ un peintre italo-égyptien, á L´ Institut culturel italien du Caire

Splendeur et fécondité: deux qualificatifs qui s´imposent á la visión des ouvres du peintre Lambro exposées á L´ Institut Italien de Culture, 2 rue El-Cheikh El-Marsafi, Zamalek. Un autre qualificatif se superpose á ceux-ci, celui de qualité. Si les deux premiers se rapportent á une vue d´ensemble, le troisiéme est ressenti et s´applique individuellement á chacun des travaux exposés. Toutes les ouvres de Lambro sont d´une hautequalité, même celles, fort rares, oú quelque erreur s´est glissée.

Leur nombre est grand. Il y en a plein le hall et les deux grandes salles de L´Institut. De grands tableaux, de trés grands même –certains rempliraient individuellement teute la paroie d´une chambre de dimensión moyenne- des plus petits et des tout petits. La Somme de travail créateur, d´imagination, de conception, de sensibilité mise en jeu dans le court laps de temps después la derniére exposition de cest artiste, dans ce même local, est impressionnante. Tous ces tableaux sont faits avec soin, mais sans effort apparent, comme si celui qui les fit se jouait des difficultés.

Lambro utilize l´huile, l´acrylique, le vernis et la laque, l´encre de chine, le crayón et il maitrise bien la technique de ces divers moyens. Les sujets de ses tableaux couvrent una large gamme. Ce sont des portraits, dont les figures de face ou de profil sont généralement accompagnées de dessins ornementaux, ou d´oiseaux, toujours accordés á la physionomie et á l´attitude du personnage, afin d´ajouter une note classique et poétique á l´image. Les portraits féminins sont au aurplus munis d´une coiffure, d´un chapeau, enveloppés, d´une écharpe ou enturbannés, suivant la fantaisie de l´artiste, mais toujours en parfaite relation avec la forme du visage, de sorte á lui donner du style et de l´allure. Dans tous les cas, la ressemblance est respectée, bien qu´elle soit souvent épurée de détails, cédant sinsi le pas á l´harmonie du tableaux.

Ce sont animaux. Un superbe lion, grandeur nature, brillant de coleur rouge, peint á la laque, dont le corps est félin á souhait, alors que la tête, lui conferé une attitude régale, quasi hiératique. Ce sont des tableaux traités comme des afiches, exquisisement dessinés, en gris, inspirés de contes, teis Le Chant Botté. Cesont des couples, des groupes de personnages, des fantaisies assemblant divers sujets en une même fresque. Tout á fait remarquable, un inmense tableaux en forme de paravent doré, cloué au mur, peuplé d´un monde fantastique, oú l´on peut voir un archange allé venu prendre un baiser á une femme porteuse d´un serpent, un homme pensif, ayant une femme accroupie á ses pieds, un homme couronné chevauchant un é et énorme phyton et l´empoignant par la gueule. Aussi remarquable, une grande fresque á l´hulle, insprée du Satyricon. Chacun des détails de cetableau constitue un chef-d´oeuvre, mais il faut se garder de la tendance á regarder, á la pointe du tableau, la figure d´une femme au sein plantu piureux, au détriment du centre d´interest d l´ouvre, oú grouillent divers personnages emmélés dans des embrassenents grotesques.

Ce sont des tapis persans, dans lesquels, en les peignant, Lambro a incorporé des nus qui se fondent dans les motifs tissés de ces tapis. Le réalisme un peu cru d´un grand tableau représentant un homme un, jeté á l´eau en fait une ouevre de musée piutôt que d´intériur. De petits tableaux á la laque et de nombreuses esquisses sont, eux aussi, porteurs d´émotions esthétique. Le festin artistique et intellectuel auquel Lambro nous conviest á la fois substantiel et raffiné. On n´en sort pas rassasié un bout d´une premiér visite'.

Y.S. *Le Progrés Egyptien.*

PAINTING
EXHIBITION
Lambro's latest paintings
are exhibited at the
Italian Cultural Center
3.Sheikh el Marsafi St. Zamalek
from Dec. 5 till 23.
LAMBRO '80

Alguien recuerda

Él se preguntaba si a los diecisiete años era petulante, y si la amistad entre adolescentes podría fructificar cuando ambos estudiaban el bachillerato en ciudades distantes y discutían por carta sobre calificaciones y proyectos del futuro aunque éste ya hubiera llegado, silenciosamente. Se tomaba todo demasiado en serio especialmente cuando pensaba en el ambiente familiar enrarecido en el que vivía en Madrid que lo compensaba con practicar natación en la piscina del polideportivo cerca de casa:

Por eso le vino tan bien Villena y sus fiestas porque se distanció por completo de sí mismo, y todos ellos le hicieron muy feliz en ese mundo de fiesta.

Y a pesar del tiempo transcurrido aún era capaz de recordar el día treinta de diciembre de mil novecientos setenta con nitidez:

Había llegado la Navidad en La Adrada. Era un día claro y soleado de invierno, el cielo se insinúaba azul y las montañas que contemplaba por la ventana del salón en la casa de campo eran majestuosas y estaban nevadas. Escribía sobre una mesa de pino que había hecho el padre de su amigo. En el centro había un molinillo oxidado de café adornado con cintas rojas. Se acercaba otra Nochevieja más con amigos en el campo. Las nubes abrazaban ya las cumbres y el pico de El Mirlo señoreaba desafiante en la sierra. Hacían excursiones, reuniones en un garaje para escuchar música y cortaban leña para la chimenea. Al día siguiente iba a levantarse temprano para ascender en solitario hasta la cima a dos mil novecientos metros de altura y lo consiguió en diez horas.

Así terminaba el recuerdo que no se desvanecía en la memoria.Y también hablaban en esas cartas de los viajes de fin de curso y los planes difusos de estudiar Arquitectura en Sevilla o una estancia en el monasterio de El Paular durante el mes de julio del setenta y uno, sin olvidar la colaboración con John, el fotógrafo norteamericano en Vietnam, que pretendía abrir un restaurante en Madrid y a quien enseñaba locales idóneos por el barrio de Argüelles. Más tarde ella se fue a estudiar Medicina a Valencia y el distanciamiento se hizo mayor aunque sus tíos volvieron a invitarle a pasar las fiestas de Moros y Cristianos en Villena. Sí, también sintió un ramalazo místico que, al parecer, le llenó de alegría y optimismo durante muchos años, y un interés difuso por la Filosofía que se concretó en estudiar Humanidades en una universidad privada. Sí, el espectro del servicio militar rondaba también por su cabeza como una sombra. Ella, transcurrido cierto *tiempo* se casó con Ramón en la ermita de Villena (con quien tendría dos hijas y se divorciaría veinte años más tarde), y por su parte también apareció Anna (con quien tendría tres hijos excepcionales). Al cabo de veintitrés años (ya en 1993) ella le escribió una larga carta que se conservaba aún a pesar del tiempo transcurrido, y decía así:

'Q.J. son las siete de la tarde estoy escribiéndote desde la mesa del dormitorio donde hace solo unas horas hablaba contigo por teléfono y es verdad parecía que estabas en el piso de al lado, es increíble.

Realmente ha pasado mucho tiempo o al menos eso es lo que creemos y tu voz, aunque no la he reconocido, ha sido agradable y también saber que existes.

Tu padre ha sido un encanto y hemos intercambiado una agradable conversación. Al principio, lógicamente, se ha extrañado con la llamada, además el pobre estaba medio dormido. Como en otras ocasiones me he sentido sola y me he acordado mucho de tí y de todas tus cartas. Nunca de cansabas de escribirme y creo que todavía te queda mucha cuerda, y por lo poquito que hemos hablado era esa cuerda la que necesitaba esta mañana cuando he pensado en tí. Le he explicado a tu padre quién era, que te conocí a través de tu tía Mary y que sabía que vivías en Islandia y que tenía una foto de tu hijo y Anna pero ya no sabía más. Me ha alegrado que tengas familia y te he imaginado feliz. Creo que es lo que te mereces, en realidad llevabas todos los números de la lotería. Has sido incansable en tu búsqueda y en ello estoy yo ahora, quizás he dejado pasar demasiado tiempo, pero nunca se sabe.

Aquella vez que te llamé a Madrid siendo ya novia de Ramón ya tenía problemas y las pocas veces que te he visto o me has escrito después de estar casada, quería hablar, pero creo que por el cariño que te tenía y te tengo, he pensado que te dolería saber que lo estoy pasando mal. Son ya diecisiete años los que llevo con Ramón y creo que todavía no me conoce, o mejor dicho no nos conocemos. Me resulta triste contarte esto pero creo que después de tantos años necesito, aunque no sea agradable, que sepas lo que es de mí. Y después de descargar esto, te diré que también hay cosas buenas en mi vida, mis hijas son un encanto, la mayor, Gloria tiene catorce años, nació un cuatro de setiembre, lo cual me hizo mucha ilusión aunque no he estado en las fiestas de Villena desde que me casé. Se parece físicamente a su padre aunque es menuda como yo, creo que en la bondad se parece a mí, no habla por no ofender y lo digo sin falsa modestia. Begoña va a cumplir diez años y es todo lo contrario, muy abierta y más parecida a mí físicamente o más bien a mi hermano Florencio, tiene los ojos azules y parece que el mundo es suyo. Nunca se sabe qué va a pasar en esta vida pero así están las cosas por el momento. Me preocupan mis hijas, no se merecen que las destruyamos. A Ramón le diagnosticaron el invierno pasado una hepatitis C y la verdad fue la puntilla, una pausa en nuestra permanente crisis que nos unió temporalmente, y pude cuidarle como médico pero no ha sido suficiente ya que así empezó una lucha entre los dos por sobrevivir en nuestro matrimonio. Cuando acabé Medicina hice la especialidad de Pediatría pero apenas ejercí ya que he sufrido varias bajas médicas intermitentes durante los últimos años que han reducido mi competencia profesional. Bueno si te cuento todo no voy a tener ocasión de volver a escribirte y no me gustaría que fuera así, creo que he tenido suerte pues al primer intento he dado contigo. Mis hijas no te conocen aunque hemos hablado de tí. He querido encontrar esa luz que siempre brillaba en tí. Un fuerte abrazo, MJ'

Esta conmovedora carta del pasado, en la que ella acudía a él como amigo, traslucía amargura y un fracaso matrimonial rotundo así que se vio obligado a responder en parecido tono optimista como en los años de juventud:

'M.J. solamente vivimos una vez, el matrimonio no debe ser (ya estoy moralizando como si fuera un cura) una atadura o un infierno, eres libre y dueña de tu vida. Cuando vinísteis a Madrid en viaje de novios recordarás que os llevé al cine a ver una película titulada *Women in Love*, en una de las escenas los amantes caían abrazados el uno al otro desde una barca hasta el fondo de una laguna que tuvo que ser desecada para rescatar los cuerpos. Desconozco la gravedad de tus problemas psicológicos, hace años decías que eran crisis de ansiedad, agorafobia y que habías hecho varias terapias, psicoanálisis y tomado medicación. Creo que quedarse postrada en un dormitorio mortificándose diecisiete años, sintiéndose sola, es una aberración. Esa clase de tortura matrimonial era frecuente en la generación de nuestras madres. Viaja dentro de ti, a ese lugar donde uno entabla un diálogo sincero con uno mismo, llega hasta el fondo del vaso, ahí donde solamente esté la verdad y luego toma una decisión. Eres una persona sensible, buena, inteligente, atractiva, médico y tienes una familia que te quiere'.

Eran ciclos, eso era la vida, momentos que transcurrían sin apenas percibirlos como el fluir del torrente sanguíneo o estrellas en el cosmos. Antes uno era adolescente, después un hombre adulto, más tarde otro mayor, más sabio y curtido por el paso del tiempo, sobre la tierra, caminando de un lugar a otro hasta un final irremediable. Así que tomó uno de los libros que siempre tenía cerca y leyó en voz alta por una página señalada, susurrando:

'Bienaventurados los que esperáis en vuestras estrechas moradas porque llegará el día en que abrirán sus puertas y ventanas al espíritu del Tabor para fundiros en el éter divino. Confiad hermanos en que se os dará abundante agua para aplacar vuestra sed y curar vuestras heridas. Manteneos firmes porque pronto desaparecerán las ondas que enturbian vuestros lagos y solo la calma infinita y la visión plena será esparcida como fruto blanco y luz cegadora'.

Alguien sueña

¿Qué habrá soñado el Tiempo hasta ahora, que es, como todos los ahoras, el ápice? Ha soñado la espada, cuyo mejor lugar es el verso. Ha soñado y labrado la sentencia, que puede simular la sabiduría. Ha soñado la fe, ha soñado las atroces Cruzadas. Ha soñado a los griegos que descubrieron el diálogo y la duda. Ha soñado la aniquilación de Cartago por el fuego y la sal. Ha soñado la palabra, ese torpe y rígido símbolo. Ha soñado la dicha que tuvimos o que ahora soñamos haber tenido. Ha soñado la primera mañana de Ur. Ha soñado el misterioso amor de la brújula. Ha soñado la proa del noruego y la proa del portugués. Ha soñado la ética y las metáforas del más extraño de los hombres, el que murió una tarde en una cruz. Ha soñado el sabor de la cicuta en la lengua de Sócrates. Ha soñado esos dos curiosos hermanos, el eco y el espejo. Ha soñado el libro, ese espejo que siempre nos revela otra cara. Ha soñado el espejo en que Francisco López Merino (1) y su imagen se vieron por última vez. Ha soñado el espacio. Ha soñado la música, que puede prescindir del espacio. Ha soñado el arte de la palabra, aún más inexplicable que el de la música, porque incluye la música. Ha soñado una cuarta dimensión y la fauna singular que la habita. Ha soñado el número de la arena. Ha soñado los números transfinitos, a los que no se llega contando. Ha soñado al primero que en el trueno oyó el nombre de Thor. Ha soñado las opuestas caras de Jano, que no se verán nunca. Ha soñado la luna y los dos hombres que caminaron por la luna. Ha soñado el pozo y el péndulo. Ha soñado a Walt Whitman, que decidió ser todos los hombres, como la divinidad de Spinoza. Ha soñado el jazmín, que no puede saber que lo sueñan. Ha soñado las generaciones de las hormigas y las generaciones de los reyes. Ha soñado la vasta red que tejen todas las arañas del mundo. Ha soñado el arado y el martillo, el cáncer y la rosa, las campanadas del insomnio y el ajedrez. Ha soñado la enumeración que los tratadistas llaman caótica y que, de hecho, es cósmica, porque todas las cosas están unidas por vínculos secretos. Ha soñado a mi abuela Frances Haslam en la guarnición de Junín, a un trecho de las lanzas del desierto, leyendo su Biblia y su Dickens. Ha soñado que en las batallas los tártaros cantaban. Ha soñado la mano de Hokusai, trazando una línea que será muy pronto una ola. Ha soñado a Yorick, que vive para siempre en unas palabras del ilusorio Hamlet. Ha soñado los arquetipos. Ha soñado que a lo largo de los veranos, o en un cielo anterior a los veranos, hay una sola rosa. Ha soñado las caras de tus muertos, que ahora son empañadas fotografías. Ha soñado la primera mañana de Uxmal. Ha soñado el acto de la sombra. Ha soñado las cien puertas de Tebas. Ha soñado los pasos del laberinto. Ha soñado el nombre secreto de Roma, que era su verdadera muralla. Ha soñado la vida de los espejos. Ha soñado los signos que trazará el escriba sentado. Ha soñado una esfera de marfil que guarda otras esferas. Ha soñado el caleidoscopio, grato a los ocios del enfermo y del niño. Ha soñado el desierto. Ha soñado el alba que acecha. Ha soñado el Ganges y el Támesis, que son nombres del agua. Ha soñado mapas que Ulises no habría comprendido. Ha soñado a Alejandro de Macedonia. Ha soñado el muro del Paraíso, que detuvo a Alejandro. Ha soñado el mar y la lágrima. Ha soñado el cristal. Ha soñado que Alguien lo sueña.

J.L. Borges en *Los conjurados*, 'Alguien sueña', pp.43-45

(1)Francisco López Merino (La Plata,1904-1928), poeta argentino. A los dieciséis años publicó *Horas de amor* con nueve poemas en forma de folleto. En 1921 escribió *Fragmentos de un libro inconcluso*, colección inédita de poemas dividida en tres secciones: 'El espejo de mi interior', 'Del eterno femenino' y 'Cantos'. El poema: *El alma se me llena de estrellas* de esta colección fue incluido en 1923 en el libro: *Tono Menor*. En 1925 publicó su último libro, *Las tardes*.

E S P A Ñ A

Más allá de los símbolos,
más allá de la pompa y la ceniza de los aniversarios,
más allá del error de los gramáticos
que ven en la historia de aquel hidalgo
que soñaba ser don Quijote y al fin lo fue,
no una amistad y una alegría
sino un vocabulario de arcaísmos y un refranero,
estás, España silenciosa, en nosotros.
España del bisonte, que moriría
por el hierro o el rifle,
en las praderas del ocaso, en Montana,
España del íbero, del celta, del cartaginés y de Roma,
España de los duros visigodos,
de estirpe escandinava,
que deletrearon y olvidaron la escritura de Ulfilas,
pastor de pueblos,
España del Islam, de la cábala
y de la Noche Oscura del Alma,
España de los inquisidores,
que padecieron el destino de ser verdugos
y hubieran podido ser mártires,
España de la larga aventura
que descifró los mares y redujo crueles imperios
y que prosigue aquí, en Buenos Aires,
en este atardecer del mes de julio de 1964,
España de la otra guitarra, la desgarrada,
no la humilde, la nuestra,
España de los patios,
España de la piedra piadosa de catedrales y santuarios,
España de la hombría de bien y de la caudalosa amistad,
España del inútil coraje,
podemos profesar otros amores,
podemos olvidarte
como olvidamos nuestro propio pasado,
porque inseparablemente estás en nosotros,
en los íntimos hábitos de la sangre,
en los Acevedo y los Suárez de mi linaje,
España,
madre de ríos y de espadas y de multiplicadas generaciones,
incesante y fatal.

J O R G E   L U I S   B O R G E S

Las *Memorias* de un magnífico embajador: José Luis Messía Jiménez, Marqués de Busianos

El interés subjetivo del libro, -se trata de unas breves memorias- reside en el hecho de que el mismo diplomático que llegó precipitadamente a Estrasburgo, sede del Consejo de Europa, en junio de 1962, para atenuar, todavía en caliente, la enorme torpeza de su gobierno en relación a la presencia de los españoles en el V Congreso del Movimiento Europeo de Munich fuese quien dieciocho años más tarde, en 1980, presidiese el Comité de delegados de ministros de la primera organización intergubernamental democrática europea, y un año después, preparase como embajador ante la misma la elección de José María de Areilza como presidente de su asamblea parlamentaria.

Tan largo y prolijo camino recorrido, con alguna interrupción, se evoca en estilo directo en las 150 páginas del del libro: *Por palabra de honor* (Parteluz, 1995).

Durante la primera misión, de ocho años, completamente desconocida por el público, -como discípulo universitario del ministro de asuntos exteriores Castiella- pudo actuar como mejor le pareció siempre con la más completa libertad de actuación y hasta de estrategia. Se comentaba malévolamente que con tan genérica confianza se le había adjudicado una especie de coto cerrado y personal. Estuve a veces años sin solicitar ni recibir instrucciones concretas en un puesto tan neurálgico y sin la menor dificultad pude hacerme intérprete con todos los interlocutores del gobierno sino también de la cambiante sociedad española.

Durante el periodo 1962-1970 España, poco a poco, fue el único país europeo no miembro que llegó a participar en las tres cuartas partes del Programa intergubernamental del Consejo de Europa. Se logró hacer fracasar totalmente la política gibraltareña del Gobierno inglés en el Consejo del que España precisamente por la indignidad de su régimen, no era ni podía ser miembro. Y el representante de España en Estrasburgo fue durante tres años el único embajador que había recibido el Parlamento europeo.

En la segunda misión (de la que algo se ocupó la prensa y medios de comunicación de la época), que empezó en 1976, sin haber perdido contacto con Estrasburgo, recogió los frutos sembrados en la primavera y encontró la fórmula que hizo posible la entrada de España en el Consejo de Europa año y medio antes de lo que normalmente habría ocurrido. Se aprobó por el compromiso solemne del respeto por los Derechos Humanos por parte de los representantes recién elegidos por los partidos políticos en España quienes con los presidentes del Congreso y el Senado, se desplazaron oficialmente a tal fin a Estrasburgo en octubre de 1977. 'España, -escribió un conocido periodista-: *Había entrado en Europa por palabra de honor'*.

Nota complementaria

Le solicitaron las *Memorias* sin compromiso editorial con motivo de la recepción como *doctor honoris causa* por la Universidad de Estrasburgo, solemnidad que tuvo lugar el 8 de diciembre de 1991.

Con motivo del ingreso de España en la Comunidad Económica Europea, por su denodado esfuerzo en tal misión diplomática (estando entonces como embajador en la República argentina) le fue otorgado el Premio Bech al Mérito Europeo en abril de 1987 por el Presidente del gobierno luxemburgués, Sr. Santer, sucesor de Delors en la presidencia de la comisión. Entre los antecesores y sucesores que han recibido este premio se encuentran los presidentes del Parlamento europeo y de la Asamblea parlamentaria del Consejo de Europa, el Secretario general de la OTAN, el ex ministro de asuntos exteriores de Francia, Sr, Chaysson, el actual ministro de Asuntos Exteriores de Austria y el Presidente del Gobierno portugués, Cavaco Silva.

José Luis Messia, Marqués de Busianos: El hombre que negoció la llegada de España al Consejo de Europa

José Luis Messía, Marqués de Busianos, embajador de España ante el Consejo de Europa hasta hace unos días, ya con el pie en la escalerilla del avión que lo conducirá a México probablemente o a otra gran capital iberoamericana, fue despedido en Estrasburgo como el hombre que en la penumbra a veces, o dando el pecho en ocasiones, desde los comienzos de la década de los años sesenta, pleiteó, negoció o maniobró la larga marcha de España hacia el Consejo de Europa. Su acción diplomática de los últimos veinte años es una minibiblia inédita de anécdotas, triquiñuelas y de la historia de la transfiguración democrática de España en Europa.

En su pueblo de Jaén, que se llama Baños de la Encina, han bautizado una calle con su nombre; en un restaurante de

Viena, el *Olivenhaim*, un pato que figura en el menú de cada día reza: 'Foie-gras caliente marqués de Busianos'. Él rememora en su libro que de su labor en Estrasburgo ante el Consejo de Europa, 'mis dos logros más importantes fueron, primero, conseguir que España ingresara con un año de antelación en el Consejo, y marcarle los pasos a Areilza para que fuese nombrado presidente de la Asamblea parlamentaria'. Eso sí, añade Messía, 'para mí llevar a Areilza a la presidencia fue como para un empresario contratar a Greta Garbo en sus mejores tiempos, porque nadie duda que él ha sido el mejor presidente que ha tenido la Asamblea del Consejo de Europa'. Areilza, a su vez, considera que, 'como la estatua de Kleber, Messía forma parte del paisaje de Estrasburgo'.

Todos estos trazos pespuntean el perfil del diplomático, del hombre y del gastrónomo que, una noche de 1977, cuando cenaba en un restaurante madrileño, descubrió al hoy presidente del Gobierno, Felipe González, en otra mesa, y se presentó a él por las buenas: 'Estoy en Estrasburgo para lo que usted quiera'. El acompañante de González intervino y le advirtió a este último: 'No te dice toda la verdad. Messía es el amo de Estrasburgo y es un gastrónomo fenomenal'. González: 'Pues a mí la gastronomía me interesa'. Messía: 'Perfecto; la primera vez que vaya a Estrasburgo yo le invitaré'. Y en 1980, la víspera del día que dimitió Suárez, Messía y González cenaban en el Cocodrile, el número uno de la capital europea.

Las anécdotas, en la boca de Messía, cuando narra su 'aventura diplomática en Estrasburgo, son una sonrisa, un guiño o como un regate, gastronómico a veces, literario en ocasiones, ligados siempre a lo que, hasta hoy, ha sido el quehacer de mi vida: *colar a España en Europa*, para empezar, y después: *conseguir que se firmen los convenios más importantes que hacen de nuestro país una democracia sustanciada, real y respetada por todos los pueblos libres*.

Su historia de tocólogo europeo de España ya empezó en 1962, cuando el entonces ministro de Asuntos Exteriores, Castiella, lo envió a Estrasburgo, 'donde me camuflé como observador para explorar si había alguna posibilidad de aproximar España a Europa'. Esta etapa duró ocho años: 'Yo me inventé lo de observador, y así conseguí que la Administración española llegara a figurar como tal ante el Consejo de Europa'.

En 1976, España era un hervidero democrático. Los restos de la estructura franquista perduraban y Messia, enviado por el ministro de Exteriores del primer Gobierno del Rey, José María de Areilza, inició su segunda etapa en Estrasburgo, como embajador-observador, para preparar la entrada de España en el Consejo Europeo. Pero la oposición socialista, comunista, liberal actuaba por su cuenta, enviando comisiones. La batalla por una España democrática que, durante los primeros años de la década de los años setenta, se planteó clandestinamente en París, desde que desapareció Franco se concentró ante el palacio del Consejo de Europa. Y Messía, de la mano del Gobierno de Madrid, marcaba a Luis Yáñez, a Ignacio Gallego, José Vidal Beneyto, la princesa de Parma, Jaime García de Vinuesa, llegados a Estrasburgo a pleitear por la democracia en España: 'Los invité a cenar y les di la noticia del nombramiento de Manuel Gutiérrez Mellado como ministro de Defensa'.

En aquellos momentos, la avalancha democrática hispánica hacía de cada día una noticia. Para afirmar su nuevo rumbo por el camino de la libertad, España quería ingresar en el Consejo de Europa a marchas forzadas, pero no tenía Constitución. Messia ingenió el proceso sietemesino: consíguió que viajaran a Europa todos los líderes de los partidos políticos ya legalizados para firmar un documento en el que se comprometían a respetar los Derechos Humanos.

Santiago Carrillo, aquel día, en un aparte, le rogó a Messia: 'Quiero que me haga un favor. A ver si podemos vemos durante una hora para que usted me explique lo que es el Consejo de Europa, a qué hemos venido y lo que tengo que decir'.

En 1977, España, al ingresar en el Consejo de Europa, se bautizó democráticamente ante el mundo y los acontecimientos se precipitaron. Messía recibió al presidente Suárez en 1979. Sus artes gastronómicas no fallaron, pero Marcelino Oreja le avisó: 'Para Suárez, una tortilla bien hecha'. En el mismo año, el rey Juan Carlos fue el primer monarca que habló en Estrasburgo, al tiempo que se le invistió *doctor honoris causa* de la universidad. El mismo día inauguró un busto a Madariaga, y Messia volvía a recordar otra anécdota: Madariaga no llegaba a tiempo y el Rey bromeó: 'Si no llega voy a tener que oficiar de viuda de Madariaga'.

El País, 1983,22.5.

D.JOSE LUIS MESSIA JIMENEZ,MARQUES DE
BUSIANOS,EMBAJADOR DE ESPAÑA EN EL CON-
SEJO DE EUROPA. 3-5-1983

Álfrún Gunnlaugsdóttir, amiga y escritora

'Querido Aitor,

Gracias por tus felicitaciones y por todo lo que me has enviado. Tienes que perdonar que no te haya escrito antes, es que durante todo el mes de febrero he tenido un catarro como una catedral y he pasado más de dos semanas en la cama. Después de tomar antibióticos ando siempre de capa caída durante varios días pero ahora me encuentro bien aunque todavía tengo un poco de tos. Por muy malo que sea un catarro se sabe que un día u otro va a terminar. Eso lo dicen también de las crisis económicas, lo afirmó el otro día un sabio economista norteamericano, uno de esos que pululan ahora, aunque luego tuvo que reconocer que la crisis japonesa va a cumplir pronto veinte años, pues vaya consuelo.

¿Cómo andas tú? Se va acercando la primavera, según dicen, pero por aquí no se nota mucho. Hace un frío que pela. Los días son preciosos, hasta tengo ganas de salir. Sólo los deberes de la casa me mantienen encerrada, y también estoy rumiando una novela aunque no sé todavía si la voy a escribir. Habrá que leer mucho. También he vuelto a la biblioteca para seguir con mis grandes conclusiones sobre el apóstol Santiago que anda en varias traducciones medievales del latín al islandés. En enero me dí cuenta, cuando estaba redactando las conclusiones, de que había cometido un error monumental que hacía temblar todo el edificio del artículo. Arreglar dicho error me costó tres semanas de trabajo. ¡Menudo lío! Ahora puedo seguir adelante y a ver si lo termino de una vez. Aparte de eso no he hecho nada salvo ir a recoger el premio de millones y luego nos hemos ido unos cuantos *de juerga*. He llegado a casa a la una de la madrugada completamente agotada, por lo visto ya no estoy para esos trotes. Sólo he recibido noticias de Vilborg por teléfono. Está bien y muy ocupada visitando escuelas. Lee poemas, cuenta historias etc. También le solicitan asociaciones para que haga lo mismo. Hace su vida y parece estar contenta. No tengo noticias de Guðbergur y por tanto tampoco de Jaime (Salinas).

¿Habéis podido arreglar lo de la residencia para tu hermano Carlos? Espero que sí. Comprendo que te preocupa mucho. En cambio creo que deberías preocuparte menos de tus hijos, aunque no se lleven bien ahora, en el futuro todo eso puede cambiar. Ahora están tomando su rumbo y tienen que afirmarse. Estoy casi segura de que tu presencia no habría cambiado mucho en este sentido. Lo importante es que se quieren, a pesar de todo, y controlar ciertas cosas, no sabemos por qué ocurren, la vida de los hijos es su vida, y la dura verdad es esa, que aunque nos escuchen y tal vez nos tomen en serio lo que decimos, hacen luego lo que les parece bien a ellos. Lo que nos cuesta es soltarles la mano pero hay que estar allí si nos necesitan, y no estoy hablando de una presencia física. Ya ves, Silja ha buscado trabajo y lo ha encontrado, tu estarás allí si ella te necesita.

Veo el futuro de este país bastante negro, me temo que ningún gobierno, del color que sea, pueda suavizar la situación y menos arreglarla. Es un círculo vicioso. Tendrían que tomar medidas muy drásticas y si lo hicieran ya podrían decir adiós a su carrera política. Lo que hace el gobierno actual es poner parches a las heridas, y otros gobiernos harán lo mismo.

Todavía no tengo decidido si me voy a hacer operar de las caderas o no. Lo voy a decidir en abril. Mi médico de cabecera no está nada entusiasmado y aunque sólo he hablado por teléfono con el especialista de corazón, creo que la idea tampoco le entusiasma. ¡Ya veremos!'.

Reikiavik, 2009:8.3.

Álfrún Gunnlaugsdóttir, Icelandic Writer

Álfrún Gunnlaugsdóttir has earned a place among Iceland's leading authors. She has been praised by critics and received awards for her work, she is a writer who has generally kept a low profile in literary debate in Iceland. Nonetheless, she has won a place as one of our leading writers, and has been consistently praised by critics and received awards for her work. Álfrún started writing in middle age, and published her first book, the collection of short stories *Af manna völdum (Works of Man)* in 1982. Prior to that time she had primarily been known as an academic: she was responsible for developing the study programme in Comparative Literature at the University of Iceland, after living abroad for many years in Switzerland and Spain.

Álfrún's writing is experimental and hard to categorize: she often works with the connection between memory and narrative, and how the memory, like human history, refuses to be controlled and organised. In her novels and short stories Álfrún's narrators are often looking back, filling in the gaps, and seeking to link together fragments of memory to create a consistent picture or story. She grew up during World War II, when Reykjavík was occupied by British and US military forces. Political conflict, war, and man's responsibility to himself comprise a leitmotif in her work. Her narratives have an autobiographical tone, when she describes the fear experienced by an islander at the end of the world, when the representatives of a faraway armed conflict suddenly appear on the doorstep. Álfrún lived in Spain when it was under Fascist rule, and thus she knows first-hand the effect on the individual of a culture of violence and oppression. Álfrún's work is not limited to Iceland: she confidently moves all over the world, and from one historical event to another. She is a writer with an excellent command of the many different forms of literature. She never spoon-feeds the reader, who is compelled to make the effort to grasp the complexity of the narrative, with its multiple viewpoints, and changes from past to present and back again.

Álfrún won the *DV Literary Award in* 1985 for *Þel* (1984). She has been nominated three times for the Nordic Council Literary Award, for *Hringsó (Circle*, 1987), *Hvatt að rúnum* (*Rune Chant*,1993) and *Yfir Ebrofljótið (Across the Ebro River*, 2001). Her latest book, *Rán* (2008), was nominated for the Icelandic Literary Award in 2008 and for *it* she received both the *DV Cultural Awards* and the *Fjöruverðlaun*.

Cartas del profesor Mario Iglesias desde Ohio

'Querido Aitor,

Columbus,1996:7.10.

Recibimos tu amable carta con tu generosa invitación para pasar un tiempo por Noruega como invitado académico. No sabes cuánto nos emocionó tu generosidad, muestra de amistad y aprecio.

Aunque todo quiero explicarte por qué no puedo aceptar ni que hagas los contactos preliminares para lograr una invitación que tanto me honraría. No sé si sabrás que con los años me han caído dos achaques que limitan considerablemente mi actividad académica. Desde hace unos años tengo una afección neuromotora que se conoce por el nombre de parkinsonismo. Estoy en control de la afección tomando medicamentos que impiden el avance de los síntomas pero no promueven su curación. Por eso no puedo hacer compromisos a largo plazo ni planear viajes en los que no pueda tener horarios y actividades bajo mi control absoluto. Los dos viajes que hicimos recientemente a España fueron hechos con estos controles y todo salió a pedir de boca. Lo peor fue el dolor artrítico (mi segunda afección) que se agravó al regresar a los EEUU. Ahora están bajo el control de la maravillosa aspirina.

Me alegró mucho la noticia de tu puesto noruego. Ojalá que pronto estés con la familia en un clima moral y académico más favorable. Si necesitas alguna carta o cualquier otro documento, puedes contar conmigo.

Muchos abrazos para todos los Yraolas. Alicia y Mario'

'Queridos amigos,

Columbus, 1997:15.5.

Hace muchas semanas que no sabemos de ustedes. Pensé que debes estar muy atareado con la preparación del informe para el nuevo puesto que ya tendrás en Noruega. También me imagino que tendrás poco tiempo para correrías epistolares en medio de las actividades de la mudanza. Sea lo que sea, esperamos que la estés pasando bien en los nuevos ambientes y que quizás tengas unos minutos para responder a esta carta.

Por aquí andamos bien. Mis dolencias no me impiden vivir ni trabajar en los libritos que marchan lentamente, pero ¡marchan! Mis nietos están empezando el segundo año, uno de ellos y el otro terminando el tercero. Son estudiosos y no se meten en líos innecesarios. Por el momento estoy trabajando en un texto introductorio de cultura hispanoamericana. El texto de conversación está ahora en un largo compás de espera, para que no se me adelante demasiado y no pueda proponer los tres libros originalmente pensados para una trilogía. Suena muy complicado pero se hará lo que se pueda.

Hasta la próxima recibe un fuerte abrazo de Mario y Alicia'

'Queridos Anna, Aitor y los niños,

Columbus, 1998:31.1

Antes de que se acabe el mes de enero, quería escribirles para agradecerles la foto tan bonita de Silja y Sif que incluyeron en la postal navideña, así como también el mensaje de Anna. Con Aitor mantenemos más o menos contacto, sino es por este medio, electrónicamente, pero hacía ya tiempo que directamente, no teníamos contacto con Anna. Las niñas están preciosas, lo cual no es nada nuevo, siempre lo han sido, pero también están ya muy crecidas. No quiero pensar lo alto y buen mozo que estará ya Thorsteinn. El tiempo pasa velozmente.

Aquí todo más o menos bien. A cuenta de *El Niño*, según dicen, tenemos un invierno que parece primavera. Hasta ahora, solamente ha nevado una o dos veces, y ya llevamos dos o tres semanas seguidas con temperaturas altas. Pasamos las fiestas muy bien, en familia. Nos reunimos todos en casa de Amalia (la hija soltera, la más joven) en Nochebuena. Los *niños* tuvieron vacaciones hasta enero, así que disfrutamos de su estancia en Columbus. Después, en la universidad andan muy ocupados, pero no dejan de comunicarse con nosotros electrónicamente. Tenemos ya dos primos en Madrid, en casas diferentes, que utilizan internet, así que la comunicación no falta, gracias a Dios. Hemos estado muy entretenidos siguiendo la visita del Papa a Cuba, aunque no tanto como quisiéramos, al ser eclipsada esa noticia por la de nuestro presidente y los de los medios de comunicación que arman tanto alboroto y repiten la misma noticia millones de veces, a veces sin fundamento y solamente basándose en rumores.

Nos alegramos mucho de que se vayan ubicando todos en esas nuevas tierras y que estén contentos. Deseamos que realicen sus ilusiones y sueños. Incluimos una de las fotos de Nochebuena que no es de las mejores, pero estamos todos, cosa que rara vez pasa, ya que uno de nosotros tira la foto pero ese día tuvimos una visita que nos la hizo. Los planes que tenemos de momento, ahora que la cocina está ya renovada y funcionando estupendamente. Se acumula tanta cosa en una casa si uno no se muda con frecuencia, que llega un momento en que hay que eliminar objetos. ¡Ah! Margarita (Levisi, la profesora argentina) se marchó el 27 para la Argentina, con intenciones de visitar la Patagonia con una de sus compañeras de escuela primaria. Como ven, en este momento, están ustedes en Polos opuestos *literally*!.

Bueno, que ya está bien, que cuando empiezo, no tengo fin. Les deseamos a todos lo mejor en el año que comienza, mil gracias por la foto y los e-mails son fáciles de enviar. Un abrazo, Mario y Alicia'

Professor Mario Iglesias, obituary

'Mario Iglesias (1924-2002) came to the United States from his native Cuba in 1961. He joined the faculty of The Ohio State University in 1967 as an Assistant Professor in the Department of Romance Languages and Literatures, where he taught all levels of Spanish language while supervising and coordinating graduate teaching associates. He was later promoted to Associate Professor and became Director of the Spanish Language Program with responsibility for curriculum development and the training of graduate teaching associates. He was the author of several widely used textbooks as well as many articles on pedagogy. Mario devoted his life to the education of young people of all ages, from the elementary level at Ruston Academy in Havana, Cuba to graduate students at OSU. Mario was generous in spirit, kind of heart, and always humble about his many accomplishments. He was a sage philosopher on Life, with high integrity and endless honesty. A true believer in individual freedom and openness of thought, Mario led his family to the freedom of the United States in 1961 to escape the increasingly oppressive communist regime that was taking over his beloved homeland of Cuba. Never waivering in his courage to start anew, Mario resumed his life as an educator and mentor for countless students who passed through his classes. Mario was a devoted family man, loving husband, caring father and grandfather. His dedication and devotion to his family was ever present and always visible. He was a mentor, best friend, confidante and eternal optimist, with a wonderful sense of humor and great respect for his students. He was also immensely popular. The Mario Iglesias Award for Excellence in the Study and Teaching of Spanish has been established by his family in memory of his commitment to fostering excellence among graduate teaching associates of the Spanish and Portuguese languages'.

OSU Chronicle, 2000:3.1.

Miguel Ángel Quesada siempre en Costa Rica

'Mi querido Aitor,

Bergen, 2019:1.2

Por fin saco un rato de la familia para responderte con calma. Muchísimas gracias por tenernos en mente. Desde noviembre no ponemos pie en tierra, es decir, hemos estado de viaje continuo, como paso a explicar. En noviembre fuimos a Costa Rica, y allí celebramos el segundo cumpleaños de Sofía Beatriz. Fue una fiesta muy especial porque llegó toda la familia, menos el menor de la casa, -por las razones que todos sabemos- pero también porque allí avisamos que la casa de mis padres, que se me había dado, pasaría a manos de mi hermana Merce y yo me quedaría con su apartamento. Se armó una revolución y muchas hermanas estuvieron en contra de la idea. Por supuesto, nada tenían que decir porque era asunto entre mi hermana y yo, pero a una de ellas se le ocurrió decir que nuestra madre *en sueños* le decía que la casa se dividiría entre todos los hermanos. Cartas van y cartas vienen, y al final de cuentas el trato no se hizo porque la hija de Merce dijo que en casa de los abuelos no se quedaría a vivir porque le resultaba muy grande. Así las cosas todo volvió a lo de antes, mi hermana se irá de casa de mi madre a su apartamento y la gran casa quedará vacía mientras la familia Corsi-Pacheco se encuentre en Bergen.

Estando en Costa Rica tuve que dejar la familia para estar en Salamanca una semana a raíz de un congreso de Traductología al que había sido invitado el año anterior. Luego regresar a Costa Rica para recoger a la familia y partir para Bergen, pero sólo por una semana porque al cabo de la cual volamos a Florencia a pasar las Navidades y Año Nuevo en familia. Regresamos hace tres días.

Volviendo a los papeles que me mandaste en tu carta, que de nuevo agradezco por tenerme al tanto de tus avatares, me quedé sin respiro al leer la carta de Islandia, de que no te daban pensión. Por un momento pensé que era una carta de cachondeo, pensando en la tarjeta de visita que metiste en el sobre (bromista), pero me imagino que esa carta no pertenece al ámbito de los chistes y bromas que te caracterizan. ¡Cómo diantres puede un país decir a un ciudadano de su país que no ha estado registrado! Y además la carta en inglés como si vos fueras un desconocido. En fin, espero que todo se arregle para tu bien que bastantes años de tu labor diste a ese país.

De aquí nada nuevo te puedo contar, en vista de que apenas llegamos. No he tenido ningún contacto con los colegas, que por cierto, tenemos un bien distinto cuadro de ellos porque hay algunos que se fueron jubilados y otros nuevos que llegan a ocupar los puestos; un argentino, una chilena, una cubana y un catalán, de hecho, la mayor parte de los colegas somos hispanoamericanos, y con excepción de Jon y Aase, todos hispanohablantes como lengua materna, pero de bien distintos países, con bien distintos patrones culturales. Eso sí, mi querido hermano, por primera vez vivimos en la sección una *pax romana*, todos nos entendemos de lo más bien, no ha habido problemas ni guerrillas ni emboscadas. Un fuerte abrazo, y espero que las faenas familiares me dejen mejor tiempo para comunicarnos. Miguel Ángel'.

Miguel Ángel Quesada Pacheco, maestro de la lingüística

'El académico Quesada Pacheco ha obtenido el premio Magón, el más importante reconocimiento cultural de Costa Rica. El premio da algo más de lustre a este ilustrado, quien, –como Cervantes decía de sí– es hijo de sus obras. Discreto, sencillo, Miguel Ángel es la prueba de que la modestia es la manera en la que el sabio se mira a sí mismo con méritos notables. Los ventanales del salón de sesiones de la Academia Costarricense de la Lengua (ACL) dejan pasar una luz que se cruza con la que este académico irradia cuando explica asuntos del lenguaje. La mesa y las sillas son señoriales, pero Quesada trae aires del habla popular, que tanto respeta.

'El Premio Magón para Miguel Ángel Quesada reconoce el mérito de una vida entregada a la investigación y a la escritura de libros esenciales para el conocimiento del habla costarricense', afirma Estrella Cartín, presidenta de la ACL, de la que Quesada es miembro. Miguel Ángel es el segundo lingüista que recibe el Premio Magón, luego del recordado Arturo Agüero Chaves (1984)'.

La noticia del premio le sorprendió en las remotidades de Panamá, adonde fue para pescar, con el oído, usos del *vos*; y esto es precisamente un gran valor que distingue a Miguel Ángel: investigar los idiomas en el sitio donde viven. Si Quesada fuese biólogo, sería de la estirpe de los descubridores del ADN más que de la dinastía de los profesores que explican las investigaciones de otros. Junto a la mesa oblonga de la Academia, Quesada agradece a los millares de personas que hablaron ante él para que registrase sus palabras y su pronunciación; incluso de idiomas que estaban por morir y cuyo recuerdo queda habitando en libros de Quesada.

R:-*Yo pan carne con como*, dice Miguel Ángel Quesada Pacheco, y no es que sufra hambre, aunque pronto estará en el café del Teatro Nacional bajo el techo de la historia: es que nos ilustra cómo se traduciría una oración desde el *laz* (lengua caucásica). Quesada ha cursado su vida en los ríos cambiantes del lenguaje y enseña que todos son distintos y pueden sonarnos raros. Al fin, añade, la gente hace los idiomas, y todos pueden ser *buenos* si se adecúan (o *adecuan*) a nuestros propósitos. No hay idioma malo, sino mal empleado según el acto comunicativo en cuestión. Miguel Ángel Quesada Pacheco aparece en el salón de sesiones de la Academia Costarricense de la Lengua, de la que es miembro.

P: -¿Cómo se decidió a estudiar lingüística?

R:-Por mi deseo infantil de aprender idiomas. En 1971, entré en la Universidad de Costa Rica, y lo que más se acercaba a lo que yo quería estudiar era Filología Hispánica, pero la Literatura no era mi fuerte. El estudio de la lengua es una disciplina autónoma, y en universidades norteamericanas es parte de las facultades de Antropología. Una tradición europea ha hecho que lengua y literatura vayan de la mano. Me tocó llevar el curso de español de América y Costa Rica con don Gastón Gaínza. Un día, él nos solicitó hacer un análisis semiótico de un poema de Pablo Neruda, pero yo le pedí hacer otra cosa: 'Quisiera estudiar cómo habla la gente'. Me respondió: 'Muy bien'. Me fui al sur de San José, por la Legua de Aserrí, a buscar palabras que, según yo, eran arcaísmos. Entregué ese trabajo a don Gastón, y él me lo aprobó. Este fue el detonante para dedicarme a estudiar lingüística.

Ni bien ni mal. Desde hace veintidós años, Quesada enseña en la Universidad de Bergen (Noruega), que generosamente paga las muchas horas que, desde 1993, dedica a la investigación de campo y a la búsqueda de documentos histórico-lingüísticos en Costa Rica y América Central. Quesada recuerda también que las editoriales de la Universidad de Costa Rica, de la Universidad Nacional y del Instituto Tecnológico han publicado algunos de sus libros. *Escribió su tesis de doctorado en alemán, aprendió islandés mientras trabajaba en una empacadora de pescado en Islandia, y ahora habla el noruego.*

P:-¿Cómo habla la gente en Costa Rica: bien o mal?

R:-Desde el punto de vista científico, la gente no habla bien ni mal. *Bien* y *mal* son conceptos de apreciación que surgen de una tradición educativa de hace 150 años, cuando se creó la educación primaria y se enseñó la gramática normativa, a veces ajena a nuestros usos. Por ejemplo la forma del *vosotros* se empleaba en los periódicos costarricenses del siglo XIX, así como en los discursos de los gobernantes. Debido a una mentalidad anticuada, en la escuela se censuraban palabras como *acuantá*, pero no se explicaba que ésta corresponde a una forma de hablar: una entre otras, y que, en ocasiones formales, uno debe expresarse de una manera distinta, expresa el lingüista y agrega: Me ha interesado estudiar la lengua española y las indígenas. En cuanto al idioma español, he investigado la Dialectología, –la forma de hablar según las regiones–; la Historia de la lengua, –yendo al Archivo Nacional, al de la Curia Metropolitana y al Archivo General de Indias [Sevilla], entre otros–. Por ejemplo, comprobé que el sonido de la *ll* se pronunciaba en Cartago como en algunas zonas de los Andes y de España. He hecho trabajos en Etnolingüística; es decir, sobre las relaciones que hay entre la lengua y la cultura.

Quesada investigó el *boruca*, y también el *huetar*, como idioma extinto. Ha trabajado con el *guaymí* y con una forma del *cabécar* poco estudiada de San Rafael de Cañas (Buenos Aires de Puntarenas). Asimismo, ha investigado el idioma extinto *muisca*, de Colombia, y el *pech*, de Honduras.

P:-¿Cómo desaparecen los idiomas?

R:-Desaparecen poco a poco, salvo que haya un exterminio. El *boruca* ha desaparecido en la práctica, pero existe mucho material escrito y grabado y algunas comunidades hacen grandes esfuerzos para recuperarlo.

P:-Hay muchos extranjerismos en el español.

R:-Sí, y es lo normal. El idioma español ha tendido más a copiar la palabra directamente: *software*, *boutique* que se llaman *préstamos de trasvase*. En Islandia hay una institución orientada a crear palabras con elementos gramaticales del islandés para objetos nuevos. Así, en vez de adaptar *computadora*, crea una palabra: *tölva*; pero esto acarrea la desventaja de que, fuera de su país, los islandeses no entienden palabras que, con variantes, comparten otros idiomas europeos, como *gramática* [*grammar*, *grammatik*], *teléfono, televisión, radio* u otras.

P:-Si todas las formas de hablar fuesen igualmente válidas, ¿para qué estudiar la gramática y las normas?

R:-La obligación de los educadores es enseñar que hay muchas formas de expresión, sin olvidar ni despreciar la del alumno. Las reglas las conoce el pueblo. ¿Cuál hispanohablante dice *yo querer comer*? .Todos conocen las concordancias, pero que no se sepan los nombres de esas estructuras es otra cosa: uno puede aprenderlas en la escuela. Otro asunto es, por ejemplo, estudiar biología, porque implica un conocimiento que no tenemos. A veces me preguntan si existe *acuantá*. Es que no está en el diccionario y respondo que si desde que dos o más personas la dicen y la entienden, una palabra existe.

P:-¿Qué deben hacer las Academias de la Lengua ante la continua aparición de palabras y expresiones nuevas?

R:-Trabajar. La creación idiomática siempre irá más rápidamente que cualquier academia y cualquier diccionario, y que lo diga yo, que he publicado cuatro ediciones de mi Diccionario de costarriqueñismos y debo actualizarlo otra vez. Pronto saldrá la quinta edición.

P:-¿Cuál aspecto de un idioma cambia más velozmente?

R:-El léxico, las palabras. La fonética tiene una cantidad constante de sonidos, y casi ningún idioma pasa de cuarenta fonemas. La sintaxis también es relativamente estable: sujeto, verbo y predicado en español, aunque en el muisca presentaba otro orden: el sujeto, los complementos y el verbo. En cambio, el léxico es muy cambiante y arbitrario, y varía según los lugares y las épocas. Los lexicógrafos son reacios a incluir palabras de uso juvenil en los diccionarios pues habrán caducado para la siguiente edición.

P:-¿Cambia también el voseo?

R:-Sí. El voseo es un híbrido del *tú* y del *vos* medieval. Se decía *vos te quedarés*, pero ahora se oye *vos te quedarás*, pese a que *quedarás* corresponde al *tú*. El *tú* sigue influyendo en el *vos*.

P:-¿Tiene sentido defender el *vos* como un signo de identidad nacional?

R:-Tiene sentido si la gente lo quiere. No se debe normar esa forma de expresión. Igual, libremente, las personas han olvidado expresiones como *acuantá*, que proviene de *cuanto ha*. *Juir* en vez de *huir*, con la hache aspirada, es una expresión de abolengo. *Vide* es latín: *yo vi*, pero alguna gente lo cree *polo*. Al fin, la gente es la que crea el idioma y la que decide *seguiré hablando así*. Un idioma será lo que sus hablantes hagan de él.

Miguel Ángel Quesada Pacheco ha publicado obras esenciales, como; *El español colonial de Costa Rica* (1990), *El español de Guanacaste* (1991), *Nuevo diccionario de costarriqueñismos* (1991), *El español en Costa Rica* (1992), *Atlas lingüístico-etnográfico de Costa Rica* (1992), *Diccionario histórico del español de Costa Rica* (1995), *Los huetares* (1996), *El español de América* (2000); *Historia de la lengua española en Costa Rica* (2009), *El español de América Central: nivel fónico* (2010); *Leyendas y tradiciones ngäbes* (2010), *Atlas lingüístico-etnográfico de Costa Rica* (2010) y *El español de América Central: nivel morfosintáctico,* (2013). En colaboración con Carmen Rojas ha escrito el *Diccionario boruca-español; español-boruca* (1999).

Víctor Hurtado Oviedo. *La Nación*, 2015:25.1.

Jaime Salinas desde su exilio en Madrid

Si no recuerdo mal conocí por primera vez a Jaime en un aula de la Universidad de Islandia a finales de los ochenta del siglo pasado y siempre en compañía de Guðbergur Bergsson o *Berg* para los amigos. Apareció aquel memorable día con un vídeo sobre Cortázar que se proyectó para los estudiantes interesados. Sorprendido de que fuera el hijo del gran poeta Pedro Salinas le pregunté a mi colega, amiga y también profesora de la prestigiosa universidad, Álfrúnn Gunnlaugsdóttir, cómo era que Jaime había llegado hasta Islandia, y ella contestó, de forma lacónica, 'que era un secreto bien guardado porque Gudbergur no solía presentarle en público'.

Después de ese primer encuentro fui a visitar a Guðbergur y a Jaime en varias ocasiones a su modesto piso en Vifilsgötu 6 rompiendo así el secretismo de sus estancias en Reikiavik durante los veranos. En su piso hablábamos de todo, bastante de crítica social y mientras Guðbergur me invitaba a generosas tostadas con mermelada, Jaime confesaba su ignorancia de la mecánica social del país al desconocer el islandés y apoyándose siempre en las opiniones de Berg. Jaime me caía muy bien, era una persona sincera, comedida, culta y cosmopolita, y como español resultaba gratificante hablar mi lengua materna en la isla. Al principio yo era un completo desconocedor de su pasado y me limitaba a tratarle como Jaime el amigo de Guðbergur.

Con el tiempo se fue rompiendo el anonimato así que mi mujer y yo le invitamos alguna vez a merendar a nuestra casa, en

Tómasarhaga 49, también con Álfrúnn para pasar agradables veladas de charla con tarta de manzana. Me consta que disfrutaba mucho en nuestro hogar. Casi nunca hablaba de su vida, era siempre discreto, atento, humilde. En 1991 le escribí a Madrid para que me recomendara posibles editores en España interesados en publicar Literatura islandesa y a finales del mismo año me contestó una carta manuscrita en la que me aconsejaba lo siguiente:

'No te escondo mi total pesimismo ante tus gestiones. El caso de Guðbergur es muy especial, si queréis hacer algo en Literatura islandesa yo os aconsejaría que os concentráseis en Guðbergur. Su obra puede ser el núcleo en torno al cual podría ir saliendo primero Thor y luego alguna obra de algún joven promesa. Perdona estos consejos que me atrevo a darte como editor y como persona profundamente interesada y dispuesta a ayudar a difundir la literatura islandesa. Nada más por ahora. Si en algo más te puedo servir escríbeme. Gracias por tu hospitalidad, recuerdos a Álfrúnn. Un abrazo.'

Cuando Jaime era Director General del Libro en el Ministerio de Cultura le llegó una petición mía, vía Embajada de España en Oslo, solicitando una donación de libros para la Universidad de Islandia, petición que se tomó con verdadero interés y más tarde, en 1993, le llamé a Madrid para que me ayudara a convencer a Carlos Saura para que inaugurara el Festival de Cine de Islandia de ese año, nueva petición de ayuda cultural que se tomó bien en serio (en su libro póstumo leí que tenía buena relación con Elías Querejeta, el productor proverbial del cineasta). Así era Jaime, un hombre comprometido con la cultura.

Y cuando en 1995 ya estaba bien avanzada mi traducción de *El Cisne* sobrevino el terremoto de mi despido ilegal de la Universidad de Islandia y por un azar del destino ese desafortunado evento hizo que estrechara aún más mi relación con Jaime antes de emigrar a Noruega. A finales del verano de 1995 me encontré con él en una cafetería de Reikiavik, estaba conmocionado por mi situación y se ofreció a escribirme una carta de recomendación ya que entonces había empezado a buscar puestos universitarios en los EEUU. En esa cita me contó cómo había escapado de Santander con su hermana Soledad en julio de 1936; se acercaron al puerto y el capitán de un barco con bandera norteamericana allí fondeado aceptó trasladarlos a Francia. Por otro azar del destino Pedro Salinas tenía una carta de presentación para enseñar en Middlebury College, universidad donde casualmente había estudiado la hija del capitán. El poeta metió dinero en sus bolsillos, le dio un abrazo y se despidió de ambos con lágrimas en los ojos. Fue un encuentro triste y probablemente el invierno más largo de mi vida. También a finales de ese verano fatídico hice un viaje en coche con mis hijas, Jaime y Guðbergur por los alrededores de Gríndavík para despedirme con ellos de Islandia. En 1997, ya instalado en Noruega me escribió una cariñosa carta que transcribo:

'Querido Aitor,

Hace días que quería sentarme para ponerte unas líneas, pero he estado liado con un libro-entrevista, trampa que me tendió Muchnik y en la que yo estúpidamente caí. Ya está en manos del editor, pero no estoy nada contento del resultado. El entrevistador ha sido Juan Cruz, que acostumbrado a entrevistas periodísticas de ocho folios (máximo), en una más ambiciosa como pedía Muchnik, tengo la impresión de que se ha ido por los cerros de Úbeda.

Berg y yo pasamos tres semanas en Italia huyendo de las fiestas navideñas. He vuelto encantado con ese país. Indignado conmigo mismo por haberme complicado la vida viajando a China u otros lugares exóticos, cuando uno tiene Italia al alcance de la mano. No tuvimos suerte con el tiempo (comentario islandés obligatorio), pero había poco turismo y no hubo que hacer colas en museos.

Sigo trabajando en mis *Memorias*, lo que me permite mantener un cierto equilibrio en mi vida cotidiana, sobretodo cuando Bergsson no está por aquí. Me propongo terminar el primer tomo este año. Espero irme a esa tierra de la que has renegado (al revés te lo digo para que me entiendas) en la segunda quincena de junio y me quedaré hasta finales de septiembre. Me gustaría que te animases a darte un paseo por Gríndavík. Tarde o temprano creo que debes enfrentarte con esa hiriente experiencia. No quisiera que la amargura te fuera royendo. Piensa en Anna y sobretodo en los críos (perdona que me meta donde no me mandan, pero, muy a pesar mío, sigo siendo español).

De la vida nacional lo más prudente es hablar lo menos posible. Estamos sumidos en la mediocridad, en un thatcherismo de pacotilla. Como posiblemente sepas el gran tema de las últimas semanas es si podremos ver por la televisión todos los partidos de *football*. No se han atrevido a declararlo de interés cultural, pero sí social. Por otra parte hoy los toreros se han declarado en huelga por un asunto de las astas de los toros.

No sé si Bergsson te tiene al corriente de sus éxitos. La edición de Gallimard se ha agotado. Kundera le hizo una reseña en el *Observateur* poniendo el libro por las nubes. La edición inglesa saldrá en abril, la española en junio. Incluso los noruegos quieren publicarle el libro, mientras que los suecos sacan su última novela en un club del libro con una tirada inicial de 25.000 ejemplares. Naturalmente en su país como si no pasara nada.

Ya sabes que me apetecería darme un paseo por tu nueva tierra y sobretodo poder embarcarme en uno de esos barcos correo que suben por toda la costa. Pero por el momento tengo que centrarme en mis memorias. Cuando tengas tiempo y ganas, ponme unas líneas. Si necesitas algo de aquí dímelo.

Hasta pronto, por lo menos por carta, Jaime

Pd. Bergsson estará aquí a partir del 26 de marzo, no sé cuánto tiempo se quedará.'

Ha transcurrido inexorablemente el tiempo y desde mi nueva residencia en Noruega le visité varias veces en su piso de Madrid. En una ocasión me invitó a comer en una taberna cercana a su casa, en otra fue un almuerzo con mi amigo y colega Jon Askeland, más adelante fue una visita sorpresa con una estudiante noruega que amaba España, y en la siguiente para hablarme de una novela de Guðbergur que habría que traducir al español. Siempre había mesura y amabilidad en los encuentros, siempre ocultaba con modestia un pasado extraordinario que acabo de descubrir con la edición de sus segundas memorias póstumas. Si en sus *Travesías* expuso 'el arranque genial de su vida singular' en esta edición se clarifica su participación decisiva en la creación de editoriales en España y sobretodo la expresión de la profunda amistad y cariño que Berg y él se profesaron a lo largo del tiempo. Jaime, que la tierra te sea leve.

Fallece Jaime Salinas, hijo del poeta Pedro Salinas

'El editor Jaime Salinas, hijo del poeta Pedro Salinas y figura destacada del mundo editorial español de la segunda mitad del siglo XX, ha fallecido este martes, a los 84 años, en Islandia, donde residía, según han confirmado a Efe fuentes cercanas a la familia. Jaime Salinas, que fue Director General del Libro, ha trabajado en el mundo editorial español ligado a Seix Barrall y a Alianza editorial y fue también director de Alfaguara.

En 2003 obtuvo el Premio Comillas de Biografía con su libro de memorias *Travesías. Memorias (1925-1955*), en el que contaba sus primeros 30 años de vida y mostraba el placer que le producían los viajes en transatlánticos. Hijo menor de Pedro Salinas y de Margarita Bonmatí, Jaime Salinas nació en Maisón-Carré, Argelia, en 1925. Ese mismo año su familia se trasladó a Sevilla y, en 1927, a Madrid, ciudad en la que asistiría a la proclamación de la República y en la que se forjaría su conciencia izquierdista.

La Guerra civil les sorprendió en Santander, donde su padre dirigía la recién fundada Universidad Internacional de Verano. Jaime y su hermana Soledad huyeron en barco hacia el sur de Francia y en octubre de 1937 la familia se reencontró en Nueva York y se instaló en Estados Unidos, país en el que Jaime Salinas realizó sus estudios y residió tanto en la Costa Este como en California. Durante la Segunda Guerra Mundial sirvió en Europa como voluntario civil en el cuerpo de ambulancias del *American Field Service*, y al acabar la guerra, trató de encontrar su identidad en el ambiente cultural de la Norteamérica de la época.

Casi 20 años después de haber dejado España, regresó a su país para pasar un verano en la finca de sus vacaciones infantiles e inmediatamente después, se instaló en París, donde comenzó su relación con el mundo editorial. Con el primer gobierno socialista fue Director general del Libro y Bibliotecas entre 1982 y 1985 y luego volvió a la labor editorial en Aguilar hasta su retiro. Actualmente residía en Islandia'.

El Mundo, 2011:25.11.

TRAVESÍAS

> Jaime Salinas

> Memorias

> XVI Premio Comillas

TIEMPO DE MEMORIA
TUSQUETS EDITORES

Gudbergur Bergsson, Premio Nacional de Literatura

'Madrid, 29 de junio de 1997.

Querido Aitor, he estado intentando llamarte pero no estás en casa, así que te mando muchos recuerdos. Ya han terminado las entrevistas, también las de la prensa sudamericana, la radio, no sé cuántas emisoras, y me sentía tan agotado ayer que casi no podía moverme. Las entrevistas duraron tres días desde las nueve de la mañana hasta las cinco o seis de la tarde. Me permitieron mandarte el libro. Me dijo la periodista de la revista *Cambio 16* que la traducción es muy buena, flexible y sencilla. No he tenido contacto con Ana Esteva, lo haré desde Islandia para darle las gracias. No sabes lo contento que estoy con tu trabajo. No he tenido noticias de tu familia o de tu hija. Me parece un poco violento llamar para saber si viene con nosotros ya que no es asunto mío. Espero que estés bien, tal vez no estés en Aalesund y por lo tanto no contestas al teléfono. Un abrazo de Guðbergur'.

'Reikiavik, 27 de agosto 1996.

Querido Aitor,

Un sabio me dijo que al que no pisa tierra islandesa automáticamente está olvidado. Así que piso esta tierra y te recordaremos. De todas maneras te doy las gracias por tus envíos, leí el artículo, en el autobús a Gríndavík, y me emocioné. Me parece que tendrías que explicar un poco más, para el lector español, lo que es el jardín del escultor. Te felicito. Me parece que Jaime va a hablar con Juan Cruz en *El País* pero vete a saber lo que Juanito hace. Decía que le iba a enviar a Jaime un manuscrito hace ya más de un mes pero todavía no lo tiene. En España, se olvidan las cosas e Islandia queda lejos y digo lejos. El otro día cenamos en la casa de Anna, con Þorgeir, Vilborg y Álfrún, fue una noche muy agradable. Vi a tu hijo y no lo hubiera reconocido, ya tan grandecito. Él se retiró discretamente y nos dejó a nosotros, los viejos, solos. Estuvimos en tu casa hasta la una de la madrugada. Al día siguiente tuve una resaca por haberme acostado tan tarde. Yo no tengo la costumbre de trasnochar. Todo sigue más o menos lo mismo aquí. No espero otra cosa, los ex comunistas se hacen más liberales y los de la derecha los aceptan en su redil. Se trata de olvidar el pasado y pasarlo bien, aunque no sé muy bien de qué manera. Hay algunos líos en la universidad pero no los entiendo. Álfrún me dijo que no entiende nada así que no me preocupo por mi falta de darme cuenta de lo que está pasando en las aulas. Pórtate bien en tus aulas y en tu Aalesund. Un abrazo, Guðbergur Bergsson'.

Gudbergur Bergsson narra su autobiografía a través de una niña castigada

'Soy una niña que crea problemas, tengo nueve años y me han enviado al campo'. Así habla consigo misma la protagonista de *El Cisne* (Tusquets, traducción de Aitor Yraola), una niña sin nombre que le echa el aliento a una vaca para que huela el alma del ternero que se acaba de comer -'¿Sabe la vaca que estamos haciendo la digestión de su ternero?'- o que cuando un jornalero le pregunta que si de mayor se dejará violar contesta: 'Sí, si alguien se atreve'.'Es una niña que sabe estar a la altura de las circunstancias', afirma el autor de la novela, Gudbergur Bergsson (Islandia, 1932). 'Es una niña castigada, y los castigados se salvan mejor que los mimados, sobre todo porque los mimados se acaban autocastigando a través de las drogas o del amor', añade Bergsson, que afirma: 'Esa niña soy yo, me interesaba más la mirada de una niña, cuya observación poética es diferente a la del niño. El escritor tiene la suerte de que puede convertirse en quien quiera y eso no quiere decir que sea totalmente autobiográfica'.

Bergsson (traductor de *El Quijote* y *El Lazarillo de Tormes* al islandés) nació en un pueblo de pescadores de 15 casas. Enfermero en un manicomio, tejedor de alfombras, portero, maestro y obrero, con 23 años llegó por primera vez a España y desde entonces ha vivido entre su país Barcelona y Madrid. 'Como Pessoa, todo lo que tengo y necesito cabe en una maleta', dice este hombre que domina el inglés, el alemán, el sueco, el español y el portugués.

Han de Islandia -como le llarnaba su amigo Jaime Gil de Biedma- dice que de sus amigos españoles; Carlos Barral, Gabriel Ferrater, Jaime Salinas, ha aprendido algo que ya de niño había descubierto en su propio padre: 'El juego como camino a lo más serio'. 'Mí padre huía de la dictadura de vivir en un lugar pequeño donde era un forastero con chistes y juegos. El alivio lo sentía a través del humor. Es algo que más tarde descubrí en España, en escritores como García Hortelano. Observarle fue muy útil para mí'. Milan Kundera ha escrito sobre *El Cisne*: 'Una auténtica obsesión existencial sitúa al libro en el centro de lo que podría denominarse, a mi juicio, la modernidad de la novela'. Para Kundera es una novela de la picaresca de la infancia, sobre una niña alejada del mundo práctico. *El Cisne* está sobre todo salpicada por la mitología germánica que heredó Islandia. '...es uno de los símbolos más aplicados. Viene de los indios y de la cultura nórdica, de Wagner, es el símbolo del cuello, es el símbolo del hombre y de las formas femeninas. Es muchas cosas a la vez'. Los animales, la montaña, la granja es el microcosmos en el que la niña (que se inventa un mundo a su capricho) aprende y encuentra.

Para el escritor islandés sólo desde la narración de un periodo pequeño de la vida se puede hablar de un sentido más amplio de la existencia. Así, la niña se fascina por la mimada y destructiva hija de los granjeros (una joven que tras someterse a un aborto decide comer todo lo que pueda para que igualmente le crezca la tripa) o por un jornalero que escribe un diario para que un día una mujer lo descubra y se enamore de él. 'Al final, la niña descubre que el amor es la muerte y eso le hace subir corriendo una montaña. Esa montaña es la sabiduría que la niña logra alcanzar'.

Elsa Fernández-Santos, *El País*, 1997:25.6

En recuerdo de Delfín Colomé. Un humanista amigo

El pasado 12 de abril de 2018 se cumplieron diez años desde el fallecimiento, en Seúl, de Delfín Colomé. Nacido en Barcelona en 1946, su desaparición a los 62 años de edad (al morir le faltaban dos días para cumplirlos) fue un duro golpe no solo para su esposa Elena, demás familia y amigos más próximos, sino una lamentable pérdida sufrida por muchas personas pertenecientes a ámbitos muy diversos y de localización geográfica extendidísima.

Licenciado en Derecho en 1968, Delfín Colomé terminó su formación en la Escuela Diplomática de Madrid en 1975. Fue un diplomático de carrera brillantísima, con etapas intensas en el continente asiático que tan bien conocía y por el que tanto se interesó: había sido embajador en Filipinas, en Singapur y, en el último tramo de su vida, en Corea del Sur, y durante un tiempo fue director ejecutivo de la *Asia-Europe Foundation*. Pero entre sus destinos diplomáticos estuvieron también las embajadas de México, Bulgaria, Noruega, Islandia. Prestó servicios a la Unión Europea, al Consejo de Europa y a la UNESCO. Durante unos años en Madrid trabajó en el Ministerio de Asuntos Exteriores como óptimo Director de Relaciones Culturales en una etapa en la que prestó inestimable colaboración y ayuda a quienes trabajábamos por la difusión de la música contemporánea española en el extranjero desde el Centro para la Difusión de la Música Contemporánea (CDMC), unidad del INAEM que ya no existe. También colaboró a la expansión internacional de la red del Instituto Cervantes.

Delfín Colomé era también músico, y su energía vital y su capacidad de trabajo consiguieron que no fuera solo un músico en ratos libres, sino alguien que supo compatibilizar sus distintas vocaciones y hacer profesión de todas ellas. Estudió piano, dirección de orquesta, armonía y composición en su ciudad natal, y fue un profundo degustador, conocedor y estudioso de la Danza, arte músico-teatral al que aportó importantes trabajos teóricos: libros como *El indiscreto encanto de la danza* (E. Turner, 1989), *Pensar la danza* (Ed. Turner, 2007), *La guerra civil española en la Modern Dance* o ensayos como: *Lorca coreográfico* (publicado en la sección: *Invenciones y ensayos*, nr. 535 de los *Cuadernos Hispanoamericanos*, 1995).

Al socaire de sus distintos destinos y actividades, Colomé dirigió orquestas como la Orquesta de Cámara de Algeciras o la *Cebú Youth Symphony Orchestra*, así como otros conjuntos en su etapa juvenil al frente de la 'Obra del Ballet Popular', institución barcelonesa nacida al calor de la sardana. Impartió docencia en el campo de la música de cámara en cursos impartidos bajo el ala de la Fundació la Caixa y fue profesor de Estética en la Universidad Autónoma de Madrid. Hizo crítica y labor difusora de la música escribiendo en *Diario 16* y en numerosas revistas culturales y musicales, así como impartiendo conferencias por todo el mundo.

Dos de sus facetas, -la de investigador/escritor y la de apasionado de la danza- se conjugan en varios libros que antes he citado, entre los cuales me parece especialmente interesante el que podríamos denominar como su *último* libro, pues fue editado después de su muerte. Me refiero a *La guerra civil española en la*

Modern Dance, 1936-1939, texto de bien explicativo título, que publicó el Centro de Documentación de Música y Danza, del INAEM y que prologaron Félix Palomero (entonces Director general del INAEM), Antonio Álvarez Cañibano (director del mencionado Centro) y el profesor José Jiménez, bajo cuya dirección había llevado a cabo Delfín Colomé la tesis con la que se doctoró en Estética y Teoría de las Artes, es decir, el trabajo que derivó en tan espléndido libro.

Faceta compositiva

En cuanto a su faceta de compositor, Delfín Colomé empezó a hacerse notar como tal en los años ochenta y, desde el principio, en su catálogo de obras quedaba claro que al componer iba a manifestarse como lo que era: un hombre de cultura, una persona de inquietudes y gustos universales, un verdadero humanista. Reparemos, por ejemplo, en una muestra de su música de cámara tan atractiva como: *El jardín de las delicias*, con explícitas referencias al genial cuadro de El Bosco, más un guiño a los: *Cuadros* de una exposición de Mussorgsky, sustanciado en la presencia inicial y final del tema: *Promenade*. En otras ocasiones aludió a compositores del pasado histórico: así, en el *Scherzo over Beethoven* (paradigma de la ironía y del sentido del humor que formaban parte notoria de su personalidad) juguetea con: *Para Elisa*; en el final del segundo tiempo de su *Concierto clásico* cita a Chopin; asimismo, hay referencias menos reconocibles a sus admiradísimos Igor Stravinsky (sin duda, una de sus principales devociones musicales) y Rodolfo Halffter (uno de sus maestros) en el *Concierto clásico*. Y, hablando sobre esta misma obra, a Delfín le gustaba contar que alguien había comparado la esencialidad de su diseño, la limpieza de sus líneas, la sencillez de su metodología con la admirable arquitectura de Alvar Aalto.

En Tres canciones cantadas en Las Bodas de Camacho, encontramos una obvia referencia al Quijote de Cervantes. Es decir la pintura (El Bosco), grandes clásicos de la Música (Mussorgsky, Beethoven, Chopin), maestros de la creación musical del siglo XX (Stravinsky, R. Halffter), un gran arquitecto de la modernidad (Aalto), la cima de la novela (Cervantes). Y la poesía de cualquier tiempo, destacando la exquisitez sublime, la elevada espiritualidad de José Ángel Valente que le inspiró Breve son.

Como apuntaba, la música de Delfín Colomé es más que solfa, más que música, está repleta de motivaciones, referencias, guiños y homenajes a todas las manifestaciones de la cultura. Es la música de un humanista. Disfrutar de ella es, por supuesto, lo que mejor podemos hacer en su memoria.

Reseña de un libro singular

Con carácter póstumo se editó: *La guerra civil española en la Modern Dance, 1936-1939*, un libro en el que Delfín Colomé ofrece su visión sabia de muchos aspectos de la danza contemporánea, a la vez que desarrolla un tema de tan específico y singular planteamiento que, sin duda, va a quedar como referencia ineludible de los ecos que el mundo internacional de la danza se hizo de los horrores de la guerra civil española, a menudo tomados como representación de los horrores de la guerra en general.

Con rigor universitario y buena prosa, el autor traza una semblanza de la personalidad y de la obra de Isadora Duncan, la gran precursora de la danza moderna, y valora las aportaciones de Ruth St. Denis y la importancia de la escuela que esta coreógrafa fundó con Ted Shawn, de la que surgieron inmediatamente figuras capitales de la danza del siglo XX, como Doris Humphrey y Martha Graham. Colomé sitúa el origen de la *Modern Dance* precisamente en un espectáculo de Martha Graham ofrecido en 1926, propuesta que considera definitivamente rompedora con la tradición del ballet romántico, cuya última gran figura había sido Marius Petipa. Sigue una reflexión sobre la interacción política/danza que se dio en Estados Unidos en los años treinta, con iniciativas como las coreografías panfletarias de apoyo al Partido Comunista estadounidense, las actividades del *New Dance Group* y de la *Workers Dance League*, el Congreso de la Danza y el Festival paralelo que la *New Dance League* convocó en mayo de 1936.

Tras establecer el paisaje general, Delfín Colomé pasa a comentar todas y cada una de las veintidós coreografías existentes sobre el tema escogido, fruto del trabajo de diecisiete bailarines-coreógrafos, desde *Women of Spain*, de Ted Shawn, hasta *Spanish Woman*, de Lily Mehlman (con música de Paul Creston y que presentaba dos partes: *Nana por el niño muerto* y *No pasarán*).

Con amplitud y pasión, Colomé escribe sobre la genial Martha Graham, valorando la globalidad de su aportación, antes de analizar sus dos coreografías sobre nuestra guerra: *Immediaty Tragedy* y *Deep Song*, ambas con música de Henry Cowell.

Sigue el perfil de la multifacética Angna Enters, artista apasionada por el helenismo y el hispanismo, quien nos dejó alguna información acerca de sus dos coreografías sobre el tema: *Spain Says Salud!* y *Flesh Possessed Saint / Red Málaga / 1936*. Amplia y muy positiva es la referencia a Helen Tamiris, cuya ambiciosa coreografía titulada *Adelante*, con música de Geneviève Pitot, levantó gran expectación, entre otras cosas, por el enorme contingente orquestal que requería. Tampoco es pequeño el de *Guns and Castanets*, coreografía de Ruth Page sobre un tema que le apasionaba, la *Carmen* de Merimée. *Danza de la muerte* es presentada por Colomé como la 'primera coreografía seria y consistente' de su admirado José Limón, de quien escribe con detalle sobre su figura artística, su técnica de danza y sobre los buenos resultados de su maridaje artístico con Doris Humphrey. Anna Sokolow fue una artista muy comprometida social y políticamente, y su ballet sobre nuestra guerra civil (*Slaughter of Innocents*) es uno (no el único) de los que derivan del impacto causado por el *Guernica* de Picasso: una madre doliente, en busca de su hijo bajo bárbaros ataques aéreos. Esta coreografía de Sokolow se bailó muchas veces y se tituló *Madrid 1937*, tras la revisión a la que la sometió su autora en 1944.

El marcadísimo protagonismo femenino de buena parte de estas coreografías se da también en *Women of Spain*, de Jane Dudley y Sophie Maslow, quienes utilizaban música de Joaquín Turina y del repertorio flamenco. También había flamenco en parte de la partitura de *Legenda / Tragic Fiesta*, trabajo de Pauline Koner, mientras que la *panfletaria* propuesta coreográfica de Sophia Delza, utilizaba piezas de Falla y Chopin en las dos partes de que constaba: *We Weep for Spain* y *We March for Spain*. De la exhaustiva investigación llevada a cabo por Delfín Colomé y resumida en el libro objeto de esta reseña, se desprende que una coreografía de Ida Soyer también se refiere al conflicto bélico español: *War Face*, pieza dedicada a un amigo que quedó ciego combatiendo con el Batallón Lincoln y, por extensión, a cuantos lucharon contra el ejército franquista formando parte de las Brigadas Internacionales. Otra rareza detectada por el autor en este libro llevaba el significativo título de *No pasarán*: fue obra de Lillian Shapero, bailarina de Martha Graham. La militancia ideológica era igualmente clara en dos trabajos sobre este tema estrenados por Miriam Blecher: *Advance Scout / Lincoln Bataillon* (con música de Ravel) y *Flower Festival / Madrid 1937* (música de Tolbie Sacher).

En fin, se trata de un libro riguroso y al mismo tiempo de amenísima lectura, en el que se encuentra no sólo el esperable desarrollo exhaustivo y documentado del tema anunciado en el título, sino muy amplia y valiosa información general sobre la *Modern Dance*, sus creadores fundamentales y el entorno ideológico, político, social y artístico en el que trabajaron. Una pieza bibliográfica notabilísima.

(José Luis García del Busto)

Cuando conocí a Delfín, en Noruega en 1980, llevaba una temporada sin prestar demasiada atención a la música. Solía decir que los ejercicios de la oposición le habían sacado la vena lírica. En su puesto anterior en Bulgaria, había dado algunos recitales de música de cámara, pero llevaba más de seis años sin componer una sola nota. A menudo se sentaba al piano y tocaba durante un buen rato, encadenando melodías que a mí me parecían preciosas. '¿Por qué no lo escribes? Se te va a olvidar', le solía reprochar. 'No te preocupes. Son tonterías, no merece la pena', contestaba.

A mí me parecía que aquello era un desperdicio. Muy seria le obligué a disciplinarse en una materia, la composición, que dominaba con fluidez. Así nació, digamos que por mi perseverancia femenina, la *Música Neurótica*, estrenada en el Konserthus de Estocolmo, o el *Vals banal*, estrenado en París, o las *Variations à propos d'un bateau qui s'endort*, para guitarra, que se han tocado por todo el mundo.

Delfín fue, poco a poco, retomando su hábito compositivo y desde el principio de los noventa los intérpretes programan con regularidad las ya más de sesenta obras de su catálogo, entre las que destacaría el *Concierto clásico* para piano y orquesta, encargo de Caja Madrid para el Festival de Alicante. Grabado por la *Royal Academy Orchestra* de Londres, un cuarteto de cuerda muy original el: *Scherzo over Beethoven*, estrenado en el Auditorio de Madrid por el Signum Quartett de Stuttgart;las *Semioesferas* para guitarra y orquesta, interpretadas sobretodo en Estados Unidos.

Las creativas músicas que compuso para los Juegos Olímpicos de Barcelona, su ciudad natal, en 1992. En el Festival de Santander estrenó *El Jardín de las delicias*, un quinteto muy peculiar (en el que Delfín rompe con algunas de sus formas de expresión habituales), cuando hace una lectura musical del famoso cuadro de *El Bosco*, del Museo del Prado.

Estando tantos años en Asia, compuso sobre lo que le ofrecía su entorno, así surgieron obras con *Kites* (Cometas) para dos guitarras, *Siete Datus* para piano (siendo *datu* un título nobiliario malayo), el cuarteto *Singapur Sling*, *Three Trees* para piano, estrenada en el Kumho Hall de Seúl; o *Boracay Beach* para dos saxofones (Boracay es una playa paradisíaca en Filipinas). La voz humana le atraía considerablemente, escribió música para poemas de grandes poetas como nuestro José Ángel Valente, en un ciclo de cuatro canciones: *Breve Son*; Shakespeare, en; *Two Shakespeare Sonnets*; Cervantes, en: *Canto de la Poesía del Quijote*; Alberti, en; *Telegrama Nueva York, NY*. O poetas asiáticos como: José García Villa, Bonifacio, la lista es larga. Su creatividad estaba siempre activa, amaba los boleros y el *rock and roll*. En honor de Pérez Prado compuso *Mambo NºN*.

¿Cómo encontraba tiempo para componer? El solía decir que la razón principal era que no jugaba al golf. Pero yo le vi componer en todas partes: levantándose temprano, en los aviones, aprovechando algunos minutos antes de salir para una cena, porque tenía una gran capacidad de concentración que le facilitaba mucho las cosas.

Algo que nos resultaba a los dos muy divertido era la dirección de orquesta. Delfín había estudiado dirección en el Conservatorio y, de joven, dirigía. A partir de los noventa, retorna a la batuta y dirige unos diez o doce conciertos al año. De hecho, fue titular de su propia orquesta de cámara en Andalucía. Ello nos llevaba a hacer verdaderas locuras, como aprovechar cinco días de vacaciones para volar el jueves de Manila a Londres durante el día, llegar a Andalucía el viernes por la mañana, ensayar por la tarde, y el sábado por la mañana, dirigir un concierto, el sábado por la noche en Algeciras, otro el domingo por la tarde en Sevilla, y salir corriendo por la noche para volver a Manila. Diréis que es una locura pero bueno, nos lo pasábamos muy bien, los conciertos eran un éxito y no hay que olvidar que la dirección de orquesta es una de las actividades mejor pagadas del mundo de la música. De hecho, Delfín ganaba casi tanto dirigiendo dos conciertos en un fin de semana como trabajando medio mes como embajador.

Por ello, alguna vez se planteó la alternativa de dejar la diplomacia para dedicarse enteramente a la música. Recuerdo, como anécdota, que cuando vino el ministro Abel Matutes a Manila, en la cena oficial que le ofrecimos en la residencia, al brindar, en presencia de altas personalidades filipinas, dijo algo así como: 'y brindo por Delfín Colomé porque, con el dinero que podría estar ganando haciendo música por ahí, ha preferido entregarse con tesón a su trabajo como embajador en Filipinas'.

Pero así fue. A Delfín le gustaba mucho la diplomacia. Hizo una carrera muy gratificante y pensaba seguir al pie del cañón por muchos años. La diplomacia le dio la libertad total para hacer la música que le apetecía, sin limitación alguna. Pero la música confirió también a su carrera diplomática una dimensión distinta, de calidad. Cuando en 1998 SSMM los Reyes de España acudieron a Filipinas, después de la cena de gala hubo un gran espectáculo que concluyó con una interpretación de dos piezas a dos pianos. Los pianistas eran Amelita Ramos, esposa del entonces Presidente de la República, Fidel V Ramos, y Delfín que tuvieron un éxito espectacular.

Dirigía también una sensacional orquesta de jóvenes filipinos, la *Cebú Youth Symphony Orchestra* (de la que fue director habitual) en un concierto en el Palacio Presidencial de Malacañan, después de una vibrante interpretación de *La boda de Luis Alonso* y de *España cañí*, el Presidente Estrada, emocionado, entregó a la Orquesta un cheque sustancioso para ayudar, con becas, a los jóvenes músicos más necesitados. Y ante todos los presentes, tomó la palabra y le dijo a Delfín:

'Embajador, procure jubilarse cuanto antes y quédese en Filipinas dirigiendo orquestas y ayudando a nuestros jóvenes músicos'.

En Seúl también practicó la dirección de orquesta. Corea era un paraíso musical para él, y allí compuso sus últimas obras. La póstuma, su *Zortziko*, dedicada al insigne guitarrista Agustín Maruri.

(Elena Colomé)

Ritmo.es
música clásica desde 1929
TEMA DEL MES
BATUTAS CON NOMBRE DE MUJER
ENTREVISTAS
ANGELA GHEORGHIU
EL SISTEMA GRECIA
DISCOS
BEL CANTO,
TENORS OF THE 78 ERA
DELFÍN COLOMÉ
HOMENAJE
DÉCIMO ANIVERSARIO

Carlos Saura, Eulalia Ramón y el tiburón podrido de Islandia

Carlos Saura (1932-2023) ha escrito en sus *Memorias* que: 'las cosas son como las vimos y las vivimos, y nos acompañan en este viaje que es la vida' (Carlos Saura. *De imágenes también se vive. Casi unas memorias*: 2023). Uno de los muchos viajes memorables del genial cineasta fue a Islandia durante el otoño de 1993. Con motivo del Festival de Cine de Reikiavik los organizadores me habían pedido ayuda para invitarle a inaugurarlo con sus *Sevillanas*. Como solícito agente de agitación y propaganda llamé a mi amigo Jaime Salinas para que le pidiera el teléfono a Elías Querejeta. Nervioso y azarado marqué el número:

EY -Buenos días, ¿Carlos Saura?

CS -Sí, ¿quién es?

EY -Me llamo Aitor Yraola y le llamo desde Reikiavik. ¿Cómo me dirijo a usted, Carlos Saura, Saura?

CS -Llámame como te dé la gana

EY-Gracias

EY-En nombre del Festival de cine Reikiavik quisiéramos invitarle a inaugurar el festival, ¿sería posible?

CS -¿Cuándo es?

EY- Del 1 al 7 de octubre

CS-Imposible a primeros de octubre

EY-(Haciendo un alarde de imaginación) ¿Podría inaugurarlo al final del festival?

CS- (Muy sorprendido) ¿Cómo, al final?

EY-Sí el 7 de octubre

CS-Entonces si podría, gracias

EY-Si me facilita una dirección le mandaremos dos billetes de avión también para su mujer.

De esta manera tan imaginativa Carlos Saura y Eulalia Ramón aterrizaron en el aeropuerto de Keflavik un martes 5 de octubre de 1993, en un otoño frío y oscuro. Para suavizar su llegada les sugerí que se bañaran en las aguas termales de la Laguna Azul donde Ingmar Bergman (quién había alabado su *¡Ay, Carmela!* en Cannes solía curarse la psoriasis) termas que se encontraban de camino a la capital. Ni corto ni perezoso tuve que improvisar un bañador para Eulalia Ramón (uno de mi mujer) y alquilar otro para el ayudante de Juan Lebrón el productor de *Sevillanas* que formaba parte de la comitiva artística. Carlos Saura prefirió quedarse fuera del recinto tomando fotos.

Después se hospedaron en el Hotel Saga, donde próceres, reyes y príncipes, se habían alojado anteriormente, y donde el cineasta ofreció una entrevista para la televisión islandesa realizada por una ex alumna. Al día siguiente los organizadores del festival le habían preparado un *tour* por los lugares pintorescos de los alrededores de la ciudad: la visita obligada a la Catarata Dorada (*Gullfoss*) que acabó en el Centro de Distribución Regional de Aguas Termales. El ágape que habían preparado allí ofrecía además de; arenque ahumado, salmón y varias ensaladas la especialidad nacional: *cubitos de tiburón podrido*. Carlos Saura me hizo un aparte y me preguntó:

CS- ¿A qué sabe esto?

EY- Sabe a rayos, pero si no se prueba quedaríamos mal con los organizadores

CS- Entonces, tú primero

De ese modo fue la primera vez en mi larga estancia en la isla que tuve que tragarme un trozo de tiburón podrido seguido de un chupito de aguardiente. Por la noche del día siete se inauguró en el cine Háskolabio *Sevillanas*. Nos sentamos en una fila central; Saura, Eulalia, Gudbergur Bergson (el conocido escritor y traductor de *El Quijote* al islandés), Álfrún Gunnlaugsdóttir (escritora e hispanista) y un servidor. Al finalizar la proyección hubo varias largas ovaciones por un público entusiasmado con el filme. Con aplausos aislados y un silencio respetuoso salimos con discreción por una puerta lateral hasta el hotel donde se hospedaban los ilustres visitantes. Al día siguiente nos despedimos en el aeropuerto con un abrazo y Saura me propuso que nos viéramos en Madrid a lo que contesté afirmativamente con una propuesta:

EY- Sí claro, ¿para participar en algún *casting* no?

Semanas más tarde recibí una cariñosa carta de Eulalia Ramón que decía así:

'Queridos Aitor y Cía,

Noviembre, 1993

Recibimos con mucha alegría tu carta junto con las fotos, son preciosas. Nosotros también tenemos un buenísimo recuerdo de nuestros días con vosotros.de verdad, pues también nos lo pasamos muy bien, tanto por conoceros a vosotros como por la maravilla del sitio, fue corto pero intenso.

Te mandamos unas cuantas fotos de nuestra cosecha, esperando que te gusten, las tuyas ya están en el álbum. Aquí estamos bien, Carlos esperando a ver qué proyecto hace por fin y a la vez descansando, que ya hacía falta. Y ya sin parar de trabajar en mi serie de TV, y en enero en Barcelona con Rosa Vergés una película, eso de momento y ya es bastante.

Transmite nuestros saludos a toda la gente y nuestro agradecimiento a todo el equipo del festival, pues fuisteis muy amables con nosotros. Para ti un fuerte abrazo, y gracias de nuevo. Carlos y Eulalia'.

¡Besos desde la
sirena de Madrid!
Carlos
y
Lali

Cilla y la Geometría

'Hej Aitor...
I have to leave this internet cafe now. I haven´t received any answer from you and I can´t reach my hotmail earlier than tomorrow.
Phone me if you want...I´m a bit scared...With love, Cilla
Stockholm, Sunday, 13 Aug. 2000'.

Cuando llegó en automóvil hasta el Centro de Escritores y Traductores en Visby, Suecia, tuvo el presentimiento de que un cometa iba a caer del firmamento. Era verano, julio, y el tiempo se mecía lánguidamente acompasado por las campanadas de una iglesia cercana. Trabajaba con dedicación buscando la versión aceptable de un texto noruego frente a una ventana amplia que daba al océano. Sobre el alfeizár de la ventana alguien había colocado cantos rodados. Los huéspedes del Centro eran hombres de pocas palabras, escritores o traductores. Lena Pasternak, la directora, emanaba dulzura y procuraba organizar veladas poéticas o invitar a conocidos. Al poco tiempo de haberse instalado en su habitación, llegaron al Centro un poeta mejicano y una actriz sueca con talento. Al principio, los recién llegados se saludaban con timidez en la cocina común pero con el transcurso del tiempo, resultó inevitable que se formara un triángulo singular, la actriz en la cúspide, el poeta mejicano y el traductor del segundo piso en los dos extremos. El triángulo comenzó a tomar vida geométrica propia con salidas nocturnas y diurnas por la ciudad. En el Centro otras formaciones geométricas permanecían invisibles; líneas, rectángulos en los almuerzos y lecturas poéticas o bromas comedidas en el espacio. Tras una velada en la que el triángulo no pudo bailar tango en un local desierto, siguió los pasos de otros caminantes hasta sentarse en una cervecería. El triángulo comenzó a trazar una trayectoria intemporal y, entre bromas, sonrisas e ironías, selló un pacto secreto de amistad. El poeta hablaba inglés-mejicano, la actriz miraba y sonreía con ojos ardientes, el traductor tomaba notas para poder emprender un viaje espacial.

A los pocos días, el triángulo decidió seguir la sugerencia del traductor, visitar en el norte de la isla al afamado director Ingmar Bergman. Sin muchas dilaciones y con grandes expectativas de éxito tomaron la carretera hacia el norte en el auto del traductor. Durante el viaje, el triángulo fue consciente de haber emprendido un viaje hacia lo desconocido, improvisado un guión cinematográfico o escrito simplemente un poema de amor. En el teatro de una ciudad pequeña muy al norte, el triángulo tuvo la oportunidad de ver un documental sobre Färo, la patria del cineasta sueco. Tentados por el escenario ficticio y las mágicas perspectivas, abandonaron el teatro con el propósito de encontrar la residencia del director de cine. No fue sencillo porque los lugareños guardaban bien el secreto de su vida geométrica pero con las habilidades del traductor llegaron por fin hasta la valla de una casa de campo escondida en una densa arboleda donde ponía: *Privat område. Varning för hunden.* El triángulo dudó, rió, se fotografió reuniendo fuerzas para enfrentarse a la realidad. Fue el traductor quien pulsó un timbre que misteriosamente nunca llegó a sonar. La espera se hizo tensa. El triángulo se percató de que el director no debía estar en casa así que deshizo lo andado para regresar de nuevo a Visby. De vuelta, con lluvia en el camino, reinó el silencio en el auto. Se habían roto las expectativas.

La actriz contó durante el viaje que Bergman había sido capaz de apalear a una limpiadora chilena en el teatro Drämaten porque hacía ruido mientras se ensayaba, era un hombre malhumorado, así que en realidad no habría valido la pena haber hablado con él, a pesar de que Carlos Saura, el director de cine español, y otros muchos le admiraban y reconocían su enorme talento.

En el Centro los traductores y escritores convivían intercambiándose poemas, bromas y guiños durante madrugadas interminables. Fuera del Centro, en la cervecería del triángulo, se formaba siempre una larga cola para entrar en los servicios que ofrecía oportunidades para meditar. En la costa, los paseos en bicicleta hasta el final de la playa comenzaron a decantar actitudes, imaginar situaciones, provocar deseos. También vivían en el Centro otras figuras geométricas apenas perceptibles; un poeta alcoholizado que perseguía a las escritoras o traductoras, un ruso masoquista, una silenciosa traductora alemana y el gran poeta irlandés John Deane acompañado de su traductor oficial al sueco y la mujer de éste. Las noches de traducción seguían paralelas o superpuestas a las de charlas o cenas en las cervecerías. El poeta mejicano sentía a veces miedo del poeta ruso alcoholizado porque solía meterse de improviso en su habitación. El traductor, empujado por las circunstancias y la llegada inminente del cometa, decidió romper el triángulo mágico y una noche abrazó a la actriz sueca en la cocina. Fue un abrazo dulce, tierno, entrañable, con susurros al oído. El poeta intentó también romper el triángulo leyendo un poema de amor:

Pretexto para mujer, lluvia y orquesta

I
Hoy la lluvia podría ser el pretexto
esa mujer
filarmónicamente hermosa e inesperada.
Pretexto
para que el día tenga su nombre y su mirada
y su mirada un día

y todos los días, nombre
Nombre para nombrarla y no olvidarla
y no olvidar
que yo también tengo un nombre
escondido en su nombre
para no olvidarme.
Para no olvidarme y no olvidar
que siempre hay un pretexto:
una mirada un día
una mujer
su nombre

II
Pero no era en realidad esa mujer
sino sus ojos ardientes
y mi mirada acelerada.
No era en realidad esa mujer
sino su tacto instantáneo
y mis miradas contadas.
No era esa mujer
sino su voz de textura
similar a las palabras.
Y ese simple pasar
como si nada pasara.

III
Hoy la lluvia podría ser un pretexto
esa mujer tan orquestada,
filarmónica y hermosamente
instrumental*

Las formas geométricas tendían a diluirse en fervientes deseos de relaciones lineales con la actriz y la noche en que apoyó

* Gerardo Beltrán, poeta mejicano afincado en Varsovia.

su magnífica figura geométrica sobre el piano de la biblioteca, el traductor entendió que debía cuidar de las formas. Björn Afzelius cantaba: *Sang till friheten.* Abandonaron el Centro y caminaron por un sendero iluminado por la luz de la luna hasta un banco de madera bajo un hermoso cerezo. Se sentaron, contemplaron las murallas de la ciudad, la lejanía del espacio y la actriz pidió que le hablara en islandés pero el traductor entonces decidió besarla.

Resulta difícil resumir en esta versión del texto la influencia de la Geometría en la traducción. Las noches resultaron inacababIes y los días una excusa para que llegara la oscuridad, el reencuentro. El traductor dejó de traducir dedicándose a cultivar las flores del Centro y a viajar por la isla con la actriz. Una noche acamparon cerca de la costa y en la tienda leyeron poesías, bebieron champán y se rieron del mundo. Era una tregua de felicidad, una pausa acompasada por el oleaje del mar báltico, un beso geométricamente perfecto en un bosque sueco. También contemplaron juntos paisajes desde acantilados, desayunaron en granjas y acudieron a subastas para comprar objetos inservibles. Una mañana llegó el final del viaje y la actriz tuvo que regresar a su teatro en Estocolmo. El traductor le regaló una bicicleta azul para que no dejara de soñar en su teatro, despidiéndose de ella junto al barco, y pidiéndole con los ojos que considerara una nueva tregua. Su figura geométricamente impecable desapareció de la isla en un coche blanco prestado.

A los dos días la actriz llamó al Centro desde Estocolmo y pidió al traductor que la visitara. En la isla la traducción había dejado paso al ensoñamiento, la fotografía de escenarios mágicos y a largos paseos por la playa. El traductor se embarcó en el barco siguiente para unirse con ella. El triángulo había quedado irremisiblemente roto. Se encontraron con risas en la Escuela de teatro y ella preparó un almuerzo en el jardín de su lindo apartamento. Cilla vivía en un bloque de viviendas socialdemócrata con ducha en el sótano y tenía un vecino ginecólogo. Estocolmo se llenó de colores, risas, cariño. Visitaron esquinas mágicas, tiendas de ropa usada, museos de pintura, cafés, fueron al cine, conocieron a otros actores y actrices y Cilla le enseño sus teatros, primero Drämaten, donde se había convertido en Pippi Långstrump, luego en el Stockolms stadsteater donde ella actuaba. Era una actriz con talento. En el vestíbulo del teatro había una foto suya con un nombre: *Carola*. Bebieron café innumerables veces, hicieron fotos que más tarde se perdieron en un naufragio, se bañaron en el fiordo cercano a su apartamento porque estaban en Suecia, y compraron un cometa rosa que colocaron sobre la cama del dormitorio, unos días, unos minutos. Lill Lindfors cantó para ellos *Du ër den ende.*

El traductor tuvo que poner fin a una visita interminable, regresar al punto de partida, a una casa vacía en un país lejano. Una mañana hizo la maleta y dejó sobre la mesa un poema de Eva Ström:

The message-bearer

'Why did you give met he green suit?
Why did you give met he green bicycle?
If a lover´s purpose is to enjoy
What is God´s purpose with men?
Only green lanscapes, yes, I ran across the fields,
I was your message-bearer in the lanscape of conventions,

Your terrible wrath I refused to carry out your commands
and your great gentleness when you stroked my knee
and bound it with white linen.
I can endure much for such a wound,
deliver your crumpled notes with your

darling, darling, darling,
to the dung-scented cowshed.
As I run back I hear the shotgun going off,
it´s the rooks getting hit, they tumble on the field.
I run like someone who doesen´t want to know,
unable to quite my fetching and carrying,
yet still forced, not forced'

Se despidieron en la calle con un abrazo. Cilla le pidió que acudiera al estreno de su nueva obra pero el traductor no supo bien qué responder y se montó en el auto geométricamente herido. A las dos semanas regresó de nuevo a Estocolmo para volver a verla pero ella se había convertido ya en actriz. El traductor pensó entonces en retomar la traducción y proseguir un camino doloroso entre líneas y versiones. Desde la triste despedida con un abrazo en Gamle Stan no volvieron a verse hasta tres años después cuando el traductor regresó al teatro sueco para verla como actriz y tratar de reflejar sus sentimientos en alguna versión geométrica. Le envió postales, recuerdos, desde Noruega, Polonia y Suecia pero ella eligió ser actriz y no escritora o traductora, o simplemente mujer, así que el traductor tuvo que conformarse con verla en *Jerusalem*, en el papel de peregrina rusa que muere en brazos de Marie Bonnevie, verla en la comedia televisiva *Heja Björn* donde expresaba con desparpajo fantasías sexuales a su amiga Sanna y en el documental de Suzanne Osten, *Besvärliga mäniskor*, donde interpretaba el papel de bailarina y actriz provocativa. También le escribió hace unos meses a un director sueco con apellido alemán para invitarle a que presentara con ella en Noruega el filme: *Success*, pero ambos rechazaron la oferta de hospedarse en un camping noruego con vistas al mar. Entonces el traductor le envió a la actriz la poesía del poeta mejicano en un intento desesperado de reconstruir el triángulo:

Las mujeres de Alkmaar
Para Alexander op de Weegh

'Las mujeres de Alkmaar
nacen en Alkmaar,
dan en Alkmaar sus primeros pasos,
poco a poco en su aliento se imprimen los nombres de Alkmaar,
en Alkmaar lloran y sangran.
También en Alkmaar se enamoran:
la primera vez,
la segunda,
la tercera.
Bailan, estudian, trabajan en Alkmaar.
En Alkmaar se casan
con un hombre de Alkmaar
(su viaje de bodas al mar no lejos de Alkmaar).
En Alkmaar sus cuerpos adquieren las formas futuras de Alkmaar.
En Alkmaar son madres:
cuidan, educan, alimentan
Mientras Alkmaar refleja las líneas de sus rostros.
También allí, en Alkmaar,
las mujeres de Alkmaar se hacen ciertas preguntas,
tienen ciertos deseos:
gozan, se arrepienten, se torturan, se rebelan
y arrastran consigo las sombras de Alkmaar.
Un día sus hijas, mujeres de Alkmaar,
las hacen abuelas
de otras mujeres de Alkmaar,
que entre sueños escuchan historias
de lo que alguna vez fue Alkmaar,
Allí, en Alkmaar,
Las mujeres ven morir a la gente de Alkmaar que han amado

y en Alkmaar mueren ellas mismas
para ser enterradas
en el viejo cementerio de Alkmaar.
Y quizá tengan razón,
porque en el fondo
la tierra de Alkmaar es
como en cualquier otro lado'

En el intermedio de la obra de teatro: *Det allra viktigaste* la actriz caminó hacia el traductor quien la había presenciado conmovido desde la cuarta fila para, probablemente, saludarle pero el traductor pensó en el triángulo, en la esencia de la Geometría y salió del teatro en silencio. Con un café delante se acordó de Cilla, la bella mujer que había tenido en sus brazos y ahora vivía en Alkmaar. Cruzó la plaza entristecido siguiendo la estela del cometa pero antes había dejado una nota a la actriz en la recepción del teatro: 'Hola Cilla, hace tiempo que no nos habíamos visto, la obra es magnífica e incluso tiene fragmentos en español, felicidades y mucha suerte'.

El traductor regresó al auto que le llevaría una vez más a Polonia, el país de Segismundo.

Reencuentro con Estocolmo

En el aeropuerto de Oslo y en el primer vuelo de la mañana, dos policías de paisano escoltaron a la mujer de color hasta la escalerilla del avión. Uno de ellos tenía aspecto de boxeador profesional y llevaba una tarjeta de identificación colgando del cuello. La mujer, de unos treinta años, tenía el pelo rizado, vestía un abrigo sencillo y toda la apariencia de ser una ama de casa perdida en la gran ciudad. Su posible delito o las circunstancias de su extradición a Suecia fueron el primer interrogante con el que se había topado en la puerta de embarque destino a Estocolmo. Habían transcurrido once años y dos meses desde el último encuentro sobre el puente de Slussplan cuando ella le había despedido con un abrazo. Cilla se había convertido en una actriz de éxito con papeles fijos en el teatro de Unga Klara que dirigía Suzanne Osten, una apasionada defensora de la justicia, de un teatro para jóvenes y niños, seguidora también del modernismo, la teatralidad y atribulada por las consecuencias del poder en el ser humano.

¿Por qué había decidido volver a Estocolmo cuando todo había terminado? ¿Por qué le guiaba, a pesar de todo, un profundo sentimiento de nostalgia? ¿qué fuerza misteriosa le impulsaba a recorrer una y otra vez unas calles por las que habían paseado juntos? ¿en las que habían aflorado tantos sentimientos? ¿toda una cadena de coincidencias? En esta ocasión había podido contemplar incluso un esperpento de *Las Meninas* en pleno escenario, escuchado español a Kalle, el maestro de la pieza teatral 'Los Educadores & Los Ineducables'. Había sido en Visby donde Gerardo Beltrán, el poeta mejicano, les había presentado. Estas coincidencias habían resultado demasiado sorprendentes.

Antes del mediodía la mujer de color salió del avión acompañada de una funcionaria vestida de uniforme azul que sujetaba una carpeta de plástico en la mano desapareciendo entre los pasajeros del aeropuerto de Arlanda quienes se afanaban por recoger las maletas de la cinta transportadora. En el exterior soplaba un viento frío de mediados de marzo, tomó el autobús hasta Central-station y desde ahí, cruzando Vasabron, se dirigió hasta Riddarholmen donde había reservado un camarote con vistas al Riddarfjärden. Las aguas próximas a la orilla estaban congeladas. El Mälardrottningen era un barco varado en pleno fiordo que había pertenecido a Barbara Hutton, una de las mujeres más ricas del mundo y con quien el actor Cary Grant se había casado en 1942. Tal vez fuera en 1930 cuando el barco pudo haber llegado a Suecia, año en el que Barbara, para huir del acoso de la prensa por el escándalo que supuso el despilfarro económico de su presentación en sociedad, -en plena depresión económica- su padre, Frank Laws Hutton, le había comprado el buque para que hiciera un viaje por Europa.

Un mes antes había conocido a Ingrid Lindström Leo en Århus, en un encuentro sobre la Memoria histórica en la novela de la Guerra Civil española en el cual, una nueva coincidencia, se había enterado de que su madre era islandesa y naturalmente hablaba islandés, circunstancia que selló un lazo invisible de complicidad entre ellos. Su padre, Henry R. Leo fue diplomático y la familia había vivido en muchos países. A su madre, Dista Valdimarsdóttir, la había conocido en París dado que en los años cincuenta había pocos escandinavos y ella trabajaba como *au pair* para unos conocidos del diplomático sueco. Ingrid casi había nacido en Polonia pero para evitar que, por un nuevo azar, se hubiera convertido en ciudadana de un país del bloque comunista, regresaron con prisas a Suecia para que la madre pudiera dar a luz. Ingrid le había invitado a que organizara en Härnösand un seminario de medio día sobre la enseñanza mágica, y con tal excusa, volvió a viajar desde Estocolmo hasta el aeropuerto de Sundvall una de esas ciudades suecas en las que nunca sucede nada. El conductor del taxi que le había llevado hasta el destino virtual era de Bromma, se acababa de jubilar como conductor de autobuses y para completar una pensión bruta de trescientas cincuenta mil coronas menos el treinta y dos por ciento de impuestos, trabajaba ocasionalmente como taxista y además vendía leña con su hermano en Estocolmo. Intimamos hablando cada uno en una lengua y acabó confesándole con alegría, mientras recorrían un paisaje gris y nublado, que una agencia de viajes le había concedido un premio para viajar a Florida con su mujer.

Al día siguiente por la mañana y a bordo del buque tuvo la oportunidad de escuchar unas palabras que le recordaron de nuevo la fragilidad de la vida y el tiempo: 'Mi marido murió de un ataque al corazón en nuestra casa de Östermalm mientras me encontraba en Zaragoza disfrutando de un viaje de estudios. Había llamado varias veces por teléfono y al no recibir respuesta alerté primero a los vecinos y finalmente a la policía que descubrió el cadáver en el salón. Murió leyendo una antología de poemas de Louis MacNeice'. Con estas palabras, titubeando con la voz, y mirando con tristeza hacia el horizonte a través de un puente de mando convertido en cafetería, le confesó Ulla Havu (la profesora de idiomas recién jubilada) el dolor que le quemaba el alma. Había sido una tragedia que a duras penas podía apartar de su cabeza a pesar de que habían transcurrido ya cuatro años. Lo peor suele ser a la hora de la cena me confesó con una mirada perdida que contagiaba tristeza.

¿Cuál habría sido el último poema leído?, había sido médico, de origen finlandés, toda su vida dedicada a aliviar el dolor de los demás, adoptado por una familia sueca después de la

Guerra fino-soviética en 1939 y la ocupación de Viipuri… ¿habría sido tal vez el poema XXIV?:

'Sleep, my body, sleep, my ghost,
sleep, my parents and grand-parents,
and all those I have loved most:
Sleep, my past and all my sins,
in distant snow or dried roses
under the moon for night´s cocoon will open
when day begins.
Sleep, my fathers, in your graves.
Sleep, the past, and wake, the future,
and walk out promptly through the open door;'

Y así, con todos estos pensamientos y la memoria de los encuentros que el destino le había dignado ofrecerle, se dirigió en la tarde por Drottningsgatan hasta Sergels Torg donde se encontraba el pulso de la entera ciudad y el Stadsteatern. Había comprado una entrada para ver la última obra del grupo teatral Unga Klara,de esa dramaturga frágil y admirable, con gafas redondas y mirada dulce que había dedicado su vida a emular a Astrid Lindgren y producido obras para niños y jóvenes, piezas que se salían de las adaptaciones literarias convencionales de los dramaturgos suecos reconocidos. La había visto de cerca en dos circunstancias muy distintas y en esta ocasión estrenaba*: Los Educadores y los Ineducables* una pieza que planteaba la encrucijada de 'la buena paternidad':

'The Educators & The Uneducable,
never before have parents felt so confused,
never before has the cry for methods for raising children been so great,
never before have children made so many calls to hotlines.

Unga Klara probes the problems that buzz around the dinner table:
How can I be a good parent?
How can I be a good child?'

Así rezaba el folleto que le había mandado Stina Wikström, la encargada de prensa del teatro. Había tenido ya la oportunidad de ver dos obras dirigidas por la directora sueca; *Det allra viktigaste* (2002) y *Kabaret Underordning* (2005), la primera, 'Lo más importante' era un análisis de las relaciones entre género y sexualidad en la que Cilla. representaba a una bailarina que confundía la vida real con su representación, y en la segunda, desempeñaba un papel de musulmana que cuestionaba su rol de mujer en torno al personaje central: un policía transvestí. ¿Era la vida teatro? ¿qué le había empujado a regresar de nuevo a ver una obra en la que actuaba Cilla? ¿Es que los sentimientos pesaban tanto a pesar de los años transcurridos?¿por qué unos fragmentos del pasado permanecían tan vívidos mientras que otros se habían desvanecido hacía tiempo en el olvido? ¿por qué era imposible olvidarla? ¿ por qué volver de nuevo a *su teatro*? ¿qué fatal atracción le obligaba regresar a Estocolmo? ¿tan intenso había sido el encuentro?

Era la noche del premier con vestíbulo lleno de celebridades, críticos conocidos, actores de renombre, estrellas de la pantalla y asientos reservados. Bullía la expectación a la entrada de una sala modesta con un mostrador sencillo donde se servían bebidas no alcohólicas. Se encontraba en el corazón de Estocolmo, en la gran Casa del pueblo y la cultura, en Sergel Torget. Esperó sentado en un sofá rojo contemplando a los expectadores y gozando de la expectativa de tener una nueva oportunidad de verla en el escenario como actriz ya que hacía años que había dejado de ser mujer para él. Al abrirse las puertas al público y entrar en el escenario la propia directora guió a los espectadores hasta una habitación en el centro. Sobre el piso había trazadas líneas que separaban cuartos ficticios. Entrábamos en el mundo de la infancia, en el espacio irreal de un hogar, y mientras los asistentes caminaban por ellas, se corrió de repente el telón tras el que aparecieron las gradas aunque antes, los expectadores, se dieron de bruces con Don Diego de Velázquez en persona y con doña Leonor (la Infanta Margarita) quienes, vestidos a la usanza, daban la bienvenida a los presentes junto al cuadro de *Las Meninas*, un esperpento desfigurado que simbolizaba la figura obsoleta de la paternidad patriarcal y autoritaria. Y de este modo Suzanne Osten presentaba su trabajo provocador en el programa impreso:

Själv försvarar jag på teatern det irrationella i vår fantasi. Det finns vilda, ouppfostringsbara element, fantasier som försvarar sig mot alla krav på konsensus. Även om barnens dialoger färgas av de vuxnas önskningar genomskådar de oss. De letar efter en karta för att kunna lämna oss. Barnen måste ju lämna hemmet, ta sig in i skogen med excesser och tappa riktningen, förlora sig för att finna något annat. De ska bara hemifrån.

La defensa de lo irracional en nuestra fantasía, y luego siguió una representación desbordante y pudo contemplar a Sofie, Lina (la mamá de Leo) o a Cilla porque todas se fundieron en la misma actriz. Y recordó el mar báltico, Visby, la Casa de Traductores y un Estocolmo coloreado de rosa. Se acordó de Rosita, del Farö de Bergmann, de las conversaciones de madrugada y los paseos en bicicleta, se acordó de ella. Más tarde, al final de la obra, que fue aplaudida con ovaciones continuas, se ofreció al público una copa en un escenario adyacente improvisado y entonces pudo haber tenido la oportunidad de verla otra vez de cerca, creyó percibir que le esperaba sobre una línea, la vio, desde lejos, pero no pudo o no quiso acercarse hasta ella porque una mirada o unas frases habrían hecho añicos los recuerdos y la magia del pasado. Le dejó en la recepción una flor de cristal, una cariñosa nota y una copa del güisqui irlandés que acostumbraba a beber. A última hora de la noche salió por un lateral a la plaza que aún estaba iluminada con luces de neón y se dirigió hasta el buque que le llevaría a embarcarse en una nueva travesía.

De pronto se despertó del sillón de cuero que le había regalado su mujer y comprobó a través de la ventana del salón que habían caído más hojas en el jardín.

Louis MacNiece. *Selected Poems*. London 1988: 65-66.
Uppfostrarna & De ouppfostringsbara.

Las personas encantadoras

'El síndrome de Down es una afección por la que una persona tiene un cromosoma extra. Los bebés normales nacen con 46 cromosomas pero los afectados por el síndrome de Down tienen una copia extra del cromosoma 21 o *trisomía* que cambia el modo en que se desarrollan el cuerpo y cerebro del bebé que puede causarles tanto problemas mentales como físicos. Generalmente tienen un coeficiente intelectual más bajo y son más lentos para hablar que las personas normales. Algunas características físicas comunes del síndrome de Down son; cara aplanada, ojos en forma de almendra, cuello corto, orejas, manos y pies pequeños, estatura más baja. Lo misterioso del caso es que nadie sabe con seguridad por qué se produce el síndrome de Down ni cuántos factores están involucrados. Un factor de riesgo es la edad de la madre. Las mujeres que tienen 35 años o más cuando se quedan embarazadas tienen más probabilidades de tener un feto afectado por el síndrome de Down que las mujeres más jóvenes. Es una afección que dura toda la vida y conlleva otras complicaciones que se vuelven más notorias con la edad como; defectos cardíacos, gastrointestinales, inmunitarios, obesidad, problemas en la columna vertebral, leucemia, demencia, convulsiones o problemas de la audición o visión. Es una afección que no tiene cura y para evitar el embarazo de un bebé con el síndrome de Down es aconsejable acudir a un asesor en genética'.

En el parque, que fue en su día Casa de Fieras, se había edificado una biblioteca pública donde las *personas encantadoras* se reunían una vez por semana para escribir *haikus (1)*, leer: *Bailar un tango en Madrid* (incomprensible que les hicieran viajar hasta la Argentina lejana, en Madrid) y confraternizar con sus tutores y compañeros de destino. Acudían desde todas partes de Madrid; Argüelles, Moncloa, Majadahonda y hasta desde los barrios de la periferia. Unos vivían con familiares, otros con tutores y los menos en residencias tuteladas, y cojeando con sus limitaciones lingüísticas, convivían en el espacio y el tiempo con otros lectores más avezados aunque estuvieran separados por un tabique en la biblioteca municipal y en un aula particular. Cada uno a su manera, creaba una sinfonía acústica, y también floral, porque, al salir del aula, sus pasos y conversaciones se fundían con el paisaje circundante, y sus fonemas entrecortados reverberaban con vibraciones musicales. María era una niña grande que le encantaba pintar y solía expresar su admiración con gritos espontáneos de alegría. Paloma, vivía amarrada a David, su novio, y se estremecía al pensar que iban a intervenirla pronto del corazón. Carlos coleccionaba *comics* de *Don Quijote* y, aunque vivía con su anciana madre, acudía a la Fundación para pasar el día ya que, oficialmente, era un discapacitado, es decir hacía sus tareas cotidianas de forma diferente a los ciudadanos normales. Carlos era el filósofo del grupo y resumía todas las tareas y proyectos que se plasmaban en los informes de los tutores. A Esther le encantaban los bolsos, quizás para guardar ilusiones y sueños, y espontáneamente se dirigía a los demás para, en un aparte, confesarle sus cuitas; 'mi padre ya me ha perdonado que muriera mi hermana', decía atribulada (aunque sabido era que nada había tenido que ver en tan trágico suceso). En otras ocasiones le salía del corazón decir algo en voz baja: '¡eres una gran persona!' (porque sentían la vida con enorme intensidad), y después se quedaba tan ancha. A Luisa le gustaban los collares de colores y siempre llevaba uno puesto bien visible en el pecho pero se irritaba fácilmente cuando le llevaban la contraria. David era el novio de Paloma, su media naranja, y ambos planeaban la boda con el beneplácito de sus familiares que les apoyaban incondicionalmente, y habían estado juntos, contra viento y marea (de ahí la angustia de una probable operación de corazón) desde hacía dos largos años. José, era el más abierto del grupo, solía acudir a un centro cultural en su barrio, veía cine y teatro con regularidad, y hasta viajaba a Córdoba de vez en cuando para ver a su familia andaluza. Todas estas *personas encantadoras* habían nacido con un cromosoma traspuesto pero desbordaban humanidad y cariño hacia todo y todos, se sentían agradecidos por ser como eran y escribían piezas de considerable valor literario:

'Quiero ser la misma que en la foto, es la vida como un río. María Vázquez.'

'Bosque de abrazos, / árboles entrelazados, / raíces de amor. Lluvia de besos, gotas que se encuentran, / en tu piel me pierdo. / Noche serena, / constelación de caricias, /en tus brazos sueño. / Arco iris nace, / colores de nuestro amor, / promesa en el cielo. / Montañas testigos, / cumbres de complicidad, / nuestro amor, alto.'

'Mi gran viaje: Soy Manuel Córdoba, con habilidades únicas y lleno de esperanza. La vida avanza paso a paso como una danza, con dificultades pero también fuerza. En los talleres junto a los compañeros descubro mi fortaleza y nuestros lazos sinceros. Mi voz y mis escritos son mi forma de expresar quién soy y lo que puedo alcanzar inspirado en nuestra fuerza y singularidad, recito las palabras de mis amigos de corazón; Carmen: la pareja; David: sensibilidad y un tesoro de verdad;

Esther: alas para volar; Almudena: compañía para caminar; Carlos: convivencia, la esencia del hogar; María: un piso, un refugio para descansar; Carlos López: la playa, donde el alma puede descansar; Javier: vivir solo, un desafío para conquistar.

Así es mi gran viaje, lleno de amor y coraje, con la inspiración de nuestros corazones'.

Bien pudiera ser que todos estemos equivocados al no comprender que las *personas encantadoras* son maestras de la vida, muestran su corazón al desnudo, sin prejuicios racionales, frenos o cortapisas, quizá en ello estriba tener un cromosoma más, para darnos lecciones de biología.

(1)La poética del *haiku* generalmente se basa en el asombro y la emoción que produce en el poeta la contemplación ante la realidad (tradicionalmente en un espacio de pura naturaleza). Siguiendo el régimen tradicional japonés, la composición suele contener alguna referencia directa o indirecta a la estación del año, mediante el uso de un *kigo* o palabra que evoca las estaciones.

QVIE SOY VO? SOY

EL dIA
MISMO QVE ENIA

LA FO ES LA VIdA

COMO UN RIONCES

dVERTIdOS

MARIA

VAZQVEZ

'Un islandés emérito vecino de Majadahonda da un señor rapapolvo al Ayuntamiento de Majadahonda: noticia en el *Huffington Post*'

La repercusión de las noticias que se publican en *MJD Magazin* sigue en aumento y una prueba de ello es lo que ha ocurrido con la que recogía la intervención en el turno de 'ruegos y preguntas' del último pleno del Ayuntamiento de Majadahonda celebrado en julio (2024). La protagonizó Eythór Yraola, vecino nacional de Islandia y catedrático emérito jubilado que ha vivido en el centro de la ciudad durante cinco años. Este islandés nacido en España ha escogido este municipio del Oeste de Madrid donde se ha jubilado tras haber trabajado durante toda su vida laboral en Escandinavia. 'Un vecino islandés denuncia *consternado* en el pleno el deterioro del centro de Majadahonda: PP lamenta 'no tener la misma percepción', resumía *MJD Magazin.* Y el periódico *Huffington Post* la recoge dando su propia interpretación con este titular: 'Un islandés emérito vecino de Majadahonda da un señor rapapolvo a uno de los municipios más ricos de España'.

La información se ha publicado este 26 de julio (2024) y explica que 'un ilustre vecino de Majadahonda ha dado su particular 'voz de alerta' por lo que está ocurriendo en la localidad que le ha acogido durante los últimos años. Eythór Yraola, un ciudadano de Islandia y catedrático emérito jubilado, ha compartido su pena por 'comprobar consternado el deterioro de la zona centro del municipio' así como de otras zonas populares de la acaudalada ciudad madrileña. Como recoge el portal local *Majadahonda Magazin,* el ciudadano detalla que hay 'inmuebles en ruinas, en uno de ellos salen ratas a última hora de la noche', así como 'calzadas sucias con manchas de aceite que no se limpian nunca' o 'aceras asquerosas con meadas de perros y suciedad asquerosas'.

'Señora alcaldesa, señores concejales, estudien la situación del casco histórico, mejoren su estado decadente, multen a los infractores y no premien la falta de civismo que también existe y no es responsabilidad del Ayuntamiento', prosigue en su denuncia Eythór Yraola.

Desde el Partido Popular, responsable del Ayuntamiento de Majadahonda, han respondido en boca del concejal de Urbanismo, Raúl Terrón, cuyas palabras recoge el citado medio: 'Consultados los servicios técnicos municipales, no consta queja, sugerencia o escrito previo sin atender, es por ello por lo que se le invita, si usted lo estima oportuno, a no esperar a la sesión plenaria para tratar de dar traslado a este equipo de gobierno de cualquier asunto o situación que estime oportuno que se aborde. Dicho lo anterior, tomamos nota de su ruego', expone por escrito en forma de respuesta', que leyó en el pleno. El concejal añade que 'lamentamos no tener la misma percepción que tiene usted sobre un panorama de deterioro continuo de la zona centro del municipio', concluye la noticia del *Huffington Post.*

Puestos en contacto desde la redacción de *MJD Magazin* con Eythór Yraola, éste confiesa que se ha visto sorprendido por el fuerte impacto de la noticia. Y en una larga entrevista, que se publicará en los próximos días, desgrana parte de su sorprendente, azarosa y viajera biografía que le ha hecho recalar ahora en Majadahonda como jubilado. Y es que Eythór Yraola se ha propuesto activar al municipio desde la sociedad civil para subsanar los problemas del centro de la ciudad y su casco histórico, al que ve muy descuidado. Y promete hacerlo a la manera en que se hace en países donde ha vivido, como Noruega o Islandia: con una crítica constructiva, documentando sus percepciones por sí mismo o con los testimonios de otros vecinos y difundiendo sus investigaciones tanto en la opinión pública como en el pleno del Ayuntamiento.

Un islandés emérito vecino de Majadahonda da un señor rapapolvo a uno de los municipios más ricos de España

El Ayuntamiento, del PP, ha respondido.

Por Redacción HuffPost

Publicado el 26/07/2024 a las 19:27

Vista del andén de la estación de Majadahonda, en Madrid.

Eythór Yraola, islandés y vecino de Majadahonda: 'He sido afortunado, tuve una vida llena de aventuras en la Naturaleza'

Eythór (o Aitor) Yraola, vecino nacional de Islandia y catedrático emérito jubilado que ha vivido en el centro de la ciudad durante seis años, se hizo conocido en Majadahonda por una noticia de *MJD Magazin* que recogía su intervención en el turno de 'ruegos y preguntas' del último pleno del Ayuntamiento de Majadahonda celebrado en julio (2024). Posteriormente, un medio de comunicación nacional, el periódico *Huffington Post*, recogió la noticia y le dio su propia interpretación con este otro titular: 'Un islandés emérito vecino de Majadahonda da un señor rapapolvo a uno de los municipios más ricos de España'. Dada la enorme repercusión que tuvo la noticia, desde la redacción de este periódico solicitamos una entrevista con Eythór (Aitor) Yraola para conocer más profundamente a la persona detrás del personaje público, ya que es algo curioso y original encontrarse a un vecino de nacionalidad española, islandesa, noruega, norteamericana y egipcia al mismo tiempo. Por ello la primera pregunta era casi obligada:

- ¿Como ha sido su experiencia en países tan distintos y distantes?. Y a ello Eythór o Aitor Yraola, pues a los dos nombres de pila responde, contesta:

-'Caminante no hay camino, se hace camino al andar', este verso de Antonio Machado expresa bien mi andadura. En cada uno de los países en los que he vivido y trabajado he aprendido nuevos valores, idiomas y tenido profundas experiencias que han enriquecido mi vida. Uno se hace muy tolerante y comprensivo con el prójimo. Un egipcio y un islandés tienen en común que ambos persiguen la paz y el bienestar aunque de distinto modo y en distintas culturas.

Fue boy scout y afiliado a la OJE, descubrió a edad temprana nuevos horizontes en Alemania. Y se ha definido como 'mal estudiante de bachillerato, pasable estudiante universitario, rebelde por naturaleza'. ¿Puede ampliarnos como fue esa infancia y adolescencia?

–He sido afortunado tuve una infancia y una adolescencia llenas de aventuras en la Naturaleza. A los 16 años hice un curso de vela en Alemania y esa experiencia me enseñó que las fronteras entre los países eran imaginarias, como más tarde se demostraría con la libre circulación de ciudadanos entre los países europeos. Europa es un modelo de armonía social en un mundo plagado de conflictos.

- Tras un periodo de confusión mental se inclinó por las Humanidades (y otros estudios exóticos). ¿Cuales fueron esos estudios ortodoxos y cuales los exóticos y por qué?.

–Bueno, era un joven atípico que solía ir a la biblioteca en lugar de a la discoteca. Estudié Filosofía y Letras, unos estudios que al parecer no servían para nada, pero en realidad me abrieron muchos horizontes intelectuales y tuve profesores magníficos como Aranguren o Jose Luis Pinillos. Luego añadí, a lo largo de mi vida, otros estudios, al parecer igual de irrelevantes, como Filología Islandesa, Lengua Inglesa, Sociología, Comercio Exterior o Historia Contemporánea, que me ofrecieron nuevas perspectivas de conocimiento. En Castilla se dice: 'todo hace caldo' Pues eso ha debido ser, todos los estudios han tenido su función en la sopa de la vida.

-Trabajó un año en comercio exterior, ¿como fue su vida en esa época?

–Después de terminar los famosos estudios de Filosofía y Letras, que aparentemente no servían para nada, conseguí un puesto temporal en la Oficina Comercial de la Embajada de España en El Cairo como asesor de Comercio Exterior. Fue una experiencia fascinante porque viajé por todo el país y conocí de cerca la cultura árabe. Tuve la ocasión de descender solo hasta la tumba de Tutan-Khamon sin caer en ninguna trampa mortal o recibir maleficio alguno.

Faenó también en un arrastrero por el Atlántico Norte y fue empleado en una fábrica de redes como obrero no especializado. ¿Tiene algunas anécdotas o recuerdos de esos trabajos y experiencias?

-En Islandia todo el mundo trabaja de adolescente en muchos sitios, los ayuntamientos ofrecen trabajos a los jóvenes durante los veranos: segando la yerba de los jardines, cuidando ancianos y reciben por ello un salario mínimo. Al acabar los estudios me embarqué tres meses en un arrastrero durante el invierno porque los sueldos eran, y siguen siendo, muy buenos. Un arrastrero tiene una eslora de 80 metros y navega como una cáscara de nuez con olas de 8 metros. No he conocido a gente más brava y valiente que los marineros islandeses que hacían turnos de cuatro horas durante meses. En Islandia se dice que 'la vida es bacalao' y sigue siendo actualmente. Pesca y Turismo son los pilares económicos de la sociedad.

Establecido en Islandia durante 14 años, doctorado cum laude, se dedicó a la enseñanza superior. ¿Podría hablarnos de su vida en Islandia contándonos lo mejor y lo peor de ese país?

-Sobre este tema he escrito todo un libro: *Islandia la Nueva*. Ahí se encuentran las claves de mi interpretación. Un país con 360.000 habitantes que tiene una sociedad modélica, solidaria y bien organizada es un milagro social e histórico, sobre todo en una geografía volcánica que asusta a sus habitantes a menudo (y a los demás europeos) y un clima duro. Bueno, es una sociedad tribal donde todos se conocen, como en las ciudades de provincias en España. En Islandia comencé mi carrera universitaria como hispanista y me doctoré en la UAM con una tesis sobre Historia Comparada de España que tuvo bastante eco en su día entre los especialistas.

También creó una familia en la que brotaron tres hijos excepcionales. ¿Como ha sido su vida familiar y la de sus hijos? ¿Es verdad que los hijos salen con las virtudes y defectos de los padres, pero aumentados?

-A juzgar por los continuos elogios y visitas que recibo de mis hijos, creo que he hecho un buen trabajo como padre y puedo marcharme satisfecho del planeta. Mi hijo trabaja en el Reino Unido y mis hijas en Islandia, todos con carreras, parejas y trabajos extraordinarios. ¿Qué más se puede pedir?.

Tras una escaramuza racial en la isla, se exiló 'a la bella Noruega', donde dice que 'trabajó veinte años en una universidad regional llena de mentecatos'. ¿Como fue su vida en Noruega?¿Es la universidad nórdica tan endogámica como la española y del resto del mundo?

-Sobre ambos temas he escrito tres ensayos. Las universidades en general son un caldo de cultivo donde florecen bastantes patologías; narcisismo, egolatría, intolerancia, mediocridad intelectual, y las universidades nórdicas no son una excepción. Hay diferencias, en Islandia la Facultad en la que trabajé era un club de amigos con normas de acceso, la universidad noruega, por el contrario, era un satélite alejado del planeta Tierra y eso creaba mucha confusión para nosotros los terrícolas. El Embajador de Noruega en España se echó a reír cuando leyó mi libro sobre su país diciéndome que había sido muy indulgente con mis observaciones. Es agradable hacer sonreír a los demás. Y en mi juventud escribí muchas cartas de amor, eso quizás explica también mi alucinación literaria.

Ha dicho ser guiado por un ángel de la guarda y haber conocido a personalidades del ancho mundo, ¿de qué manera?.

–En todos los países en los que he vivido he conocido a gente sobresaliente- que a pesar de las apariencias son personas bastante normales. A muchos embajadores como Delfín Colomé un magnífico diplomático catalán y compositor, Juan Samaranch, al cineasta Carlos Saura, a ministros españoles e islandeses de Asuntos Exteriores, presidentes de Islandia, escritores noruegos como Kjartan Fløgstad, islandeses como el premio Nobel Halldór Laxness y Guðbergur Bergsson otro gran amigo que está enterrado en el pueblo de Gríndavik en la costa islandesa. De algunos de los escritores he traducido obras de literatura. De todos ellos entresaco mi amistad con el escritor islandés Guðbergur Bergsson (Premio Nacional de Literatura) y pareja de Jaime Salinas con quienes he mantenido una entrañable amistad hasta su muerte reciente. Gudbergur celebró su despedida final en la Ópera de Reikiavik hace un año en un ataúd color rosa marca

Ferrari. Su proeza más extraordinaria ha sido la de haber traducido *El Quijote* al islandés.

Es traductor del inglés, islandés, noruego, ¿Cómo ha sido su vida de escritor?

–Bueno, yo escribo libros eso no me hace ser escritor, y he traducido literatura del islandés y noruego al español, eso tampoco me hace ser traductor. Siempre han sido actividades lúdicas en las que siempre he experimentado, como decía Borges, una *alucinación*, de pronto aparece delante un texto escrito del que dudo que yo sea el autor pero resulta que efectivamente sí que lo soy. La escritura sencillamente fluye. Durante la carrera académica uno tiene que escribir artículos de investigación y ahí se coge carrerilla y mucho antes escribí muchas cartas de amor, eso quizás explica también esa alucinación. Bueno salto de género en género pero creo que el ensayo y el relato irónico son los que mejor me salen.

Háblenos del humorismo y sus incursiones en el campo de la sonrisa.

–Supongo que esto de cultivar el humorismo tiene una raíz budista, el Dalai Lhama ha afirmado que la paz empieza con una sonrisa, y ha promovido la filosofía de la amabilidad. En realidad es que ya todo me hace bastante gracia, hay tantas incongruencias y disparates en tantos países y en ciudadanos que quizás lo más sano es reírse un poco de todo, con el debido respeto claro, excepto con los temas realmente serios como la guerra en Ucrania, un drama al que he dedicado un libro entero con la colaboración del General de División Vicente Díaz de Villegas, un magnífico militar.

Sobre algunos de sus libros:

Islandia la Nueva: en este ensayo desmitifico el complejo de superioridad de los islandeses, vikingos contemporáneos en su subconsciente. *Noruega la Bella:* es un tratado sobre anécdotas y relatos de la vida noruega en un país paradisíaco que no lo es tanto. *A vueltas con España,* es el tercer libro de la trilogía de viajes, un reencuentro con las raíces españolas que son bastante móviles por cierto. *Sobre irse o quedarse:* un análisis comparado de emigraciones en diferentes épocas para centrarme en las españolas. *Sobre la Historia y la Guerra en Ucrania*: un ensayo que comprende múltiples perspectivas de historiadores, juristas, filósofos, políticos, arqueólogos, politólogos y el general Vicente Díaz de Villegas para racionalizar lo irracional de la guerra. *En la tribu de los Speri,* denuncia la Intolerancia que viví en Islandia. *Sobre ruinas, relatos y poesías:* es una bella antología de la riqueza arqueológica romana de Castilla y León complementada con relatos divertidos y una antología de poesías selectas. *El Dorado* es la traducción de una novela de un escritor samoano poco conocido.

Con Aitor Yraola en la Majada (Honda): *En la tribu de los Speki* cortando el *bacalao* en su otra *personalísima* ruta.

'Aitor Yraola vive desde hace algún tiempo entre/con nosotros. Yo creo que *entre* es lo que mejor le encaja, porque desde una importante discreción, Aitor se mueve como los gatos, y no rompe el silencio si no es para mejorarlo, como dijo el filósofo, salvo cuando, –como en el libro que voy a citar ahora, y me ha mantenido ocupado estos últimos días–, vio llegado el momento de dar una explicación pública sobre aspectos del país que lo prohijó. Y le dio tres hijos, por cierto'

Vicente Araguas (19.11.2024). Aitor Yraola se dio a conocer este verano como un vecino emérito islandés (emérito de verdad, de los que trabajan por la causa que reconoce sus méritos) que presentaba en nuestro Ayuntamiento de Majadahonda un memorial de agravios y desafueros urbanísticos. Aitor habla con ironía, –muestra elegante del sarcasmo, que no creo que ocupe lugar en su mochila–, de una Majadahonda con aires toscanos en el *casco histórico*. Y como su pluma es entonces, –ahora sí–, daga florentina, va directa al corazón del asunto, con elegancia y sutileza. Así que leamos a este hombre desde la seguridad de hallar en él precisión, economía expresiva, buen hacer (y ser y estar) y, desde luego- un brillo estilístico que desprende, justamente, ese puñal-cálamo, al que hice mención. Aitor Yraola vive desde hace algún tiempo entre/con nosotros. Yo creo que *entre* es lo que mejor le encaja, porque desde una importante discreción, Aitor se mueve como los gatos, y no rompe el silencio si no es para mejorarlo, como dijo el filósofo, salvo cuando, –como en el libro que voy a citar ahora, y me ha mantenido ocupado estos últimos días–, vio llegado el momento de dar una explicación pública sobre aspectos del país que lo prohijó y le dio tres hijos, por cierto.

Yo no sé por dónde se mueve ahora la prole yraolina, sí que pueden (y deben) sentirse orgulloso de padre tan venturoso, pues ha cumplido con ventura su aventura o ruta –personalísima– del bacalao. En Islandia. En Noruega. Como el curioso lector podrá comprobar leyendo *En la tribu de los Speki* (Rapitbook), subtitulado *Ensayo sobre la intolerancia*. Un paseo de este doctor en letras (vivas) que se desempeñó en labores múltiples. Y yo, que vengo de puerto de mar, y llevo en mi estirpe sangre marinera, alabo el trabajo de Aitor Yraola a bordo de un arrastrero por el Atlántico Norte, en cuyas orillas fui aprendiendo, –Escocia, 1972-73–, a manejarme por los espacios docentes. En los que sigo, feliz de encontrar en mi camino gente como a Aitor Yraola, profesor que fue en: Islandia, Noruega, Estados Unidos, Egipto. Pero sería en Islandia, donde luego de catorce años dedicado a la enseñanza universitaria, una cacicada, sí, –el monte no siempre es orégano, tampoco cuando se descuelga sobre las bahías humeantes (interesante, quevediano, el instinto de Aitor Yraola para rebautizar nombres y lugares), una conjura de necios, como en John Kennedy Toole–, otorgó el puesto de Aytor a una *margarita*, tan conocedora del inglés como ignorante en la lengua y literatura españolas. 'Lo que hay', dirían a lo castizo los muñidores de tal disparate. Que Aitor Yraola cuenta y canta por lo menudo, en un libro cargado de documentación, también gráfica. Que lo que aquí se describe, también los dineros que a Islandia le costó el despropósito, hace que Aitor Yraola pueda decir con Francisco de Quevedo y Villegas: 'en mi defensa soy peligro sumo'. Y yo lo aplaudo, pues creo en la defensa propia llevada adonde haya que llevarla.

Su pleito aparte, el autor desgrana en un libro muy bien editado las relaciones de Islandia con España durante nuestra guerra (¡cómo duele verter aquí el posesivo!). Incluyendo la presencia islandesa, simbólica pero digna de ser señalada, en las Brigadas Internacionales. Y la presencia del conflicto fraternal, ¡de nuevo duele y duele adjetivar con tan lamentable oxímoron!, en la prensa de las isla, agitada –también– ante algo que trastornaba su ritmo bacaladero. Y cortando el bacalao está en este libro el entonces –años ochenta–, rey efectivo. Hoy, dicen, emérito, en los emiratos. Otra historia. Que, como diría Rudyard Kipling, merecería otro lugar para ser contada. Sí.

El general Villegas visita Majadahonda para hablar de Ucrania: 'La guerra era evitable'

El general retirado Vicente Díaz de Villegas y Herrería ha escrito un largo capítulo sobre el conflicto ruso-ucraniano en el libro del catedrático emérito jubilado y escritor hispano-islandés afincado en Majadahonda: Aitor Yraola. Y con ocasión de la presentación del volumen en un acto público que se celebró el 27 de septiembre en la biblioteca Francisco Umbral, *Majadahonda Magazin* ha tenido la oportunidad de entrevistarle y hacerle unas preguntas. Este cántabro de Santoña, hijo de militar y padre de hijos militares, cuando se le pregunta si Europa y el liderazgo político occidental valoraron los riesgos y amenazas de la guerra en Ucrania, responde: 'El liderazgo político occidental no ha valorado los riesgos y amenazas convencionales en Tierra, más inclinado a bombardeos quirúrgicos y guerras rápidas. Tras las operaciones en la antigua Yugoslavia y en particular el bombardeo OTAN de 78 días sobre Serbia en 1999, sin resolución previa de ONU, y el ataque sobre Libia sin que se hubiera producido un ataque a países OTAN, no había razón para no frenar a Rusia en el 2014. Quizá sí hubo una mala conciencia y un liderazgo débil que frenaron una respuesta seria. El bloqueo del Estrecho de Kerch en 2018 y la construcción del puente por Putin, sin reacción, y la vergonzosa salida de Afganistán, animaron al autócrata a lanzarse a la aniquilación de Ucrania. La ONU se ha convertido en un centro de burócratas que se ha extendido en agencias ideológicas y de colocación, siendo incapaz de hacer frente a su principal misión: la paz, para la que fue creada, sustituyendo a la Sociedad de Naciones, que no supo evitar la 2ª Guerra Mundial. Era evitable plantando cara, con o sin la ONU'.

¿Es el Ejército un buen lugar para estar en el mundo? ¿es vocación o tradición militar?

–Mi padre era licenciado en Ciencias Químicas por la universidad de Zaragoza en Junio de 1936. La guerra le hizo descubrir la profesión militar en la que sirvió con devoción hasta su retiro como coronel. El Ejército es un lugar de honra y servicio. 'Religión de hombres honrados, -como la definía Calderón- 'dónde la necesidad no es infamia y nadie es preferido por la belleza que hereda sino por la que adquiere'. En nuestro caso la tradición es más sobre actos y costumbres, lo nuestro es vocación.

Usted ahora es General de División retirado, tiene una hoja de servicios extraordinaria y ha servido desde Operaciones Especiales, la Legión, Tropas de Montaña, Agregado Militar en París, Exploración Anfibia con las Fuerzas Especiales norteamericanas, en la División de Inteligencia del Estado Mayor. Además de otros muchos destinos en España ha sido General adjunto de la División Salamandra OTAN SFOR en Bosnia en-2002, Jefe de la Brigada de Asalto Aéreo Galicia y NRF 5 OTAN y Jefe del Primer contingente Español en Kosovo 1999/2000 hasta llegar a Teniente General (Force Commander) de las Fuerzas de Paz de las Naciones Unidas en el Congo en 2008. ¿Cuál ha sido el destino más difícil que ha tenido como oficial en España y el extranjero?

–No he tenido destinos difíciles, sí algunas situaciones complicadas debidas a órdenes contrarias a la legislación o a la seguridad en operaciones humanitarias. En todo momento he asumido mis responsabilidades y las consecuencias de mis decisiones.

Ha escrito decenas de artículos y ha realizado varias entrevistas en cadenas de radio y televisión en estos últimos años sobre la Guerra en Ucrania, ¿puede darnos brevemente su opinión sobre este conflicto como militar?, ¿era esta guerra evitable de algún modo? ¿cuáles han sido los fallos de Occidente / NATO / ONU para haberla podido evitar?

–Creo que la guerra es una enfermedad, un cáncer que manifiesta síntomas o indicios sobre los que se debe actuar desde el principio con decisión. Las lecciones aprendidas han servido a los avances en las ciencias, ingenierías, medicina. Hace falta, desde las lecciones históricas, el mismo avance en política y conflictos. Hoy en día todo se reduce a términos económicos, el becerro de oro, pero la persona es mucho más que materia. Los bloqueos económicos no dan resultado, como se ha comprobado históricamente. Y como ejemplo está Sadam Hussein. El bastón y la zanahoria de Europa quedó reducido a mucha zanahoria comercial y una barrita de acariciar sin que una paciencia político- estratégica diera resultados. Esperando quizá que Ucrania se hundiera, no contaban con la *suite* de Países Bálticos o Polonia.

¿Era previsible la invasión de Ucrania por Putin desde la revuelta del Maidan en el 2014 o la toma de Crimea?. ¿Qué explicación racional existe para que el dictador ruso decidiera invadir un país en contra el Derecho Internacional? ¿Usar la fuerza en el siglo XXI en un país europeo?

–Maidan fue la respuesta del pueblo ucraniano cuando el presidente Yanukovich, títere de Putin, quiso dar marcha atrás a la adhesión de Ucrania a la Unión Europea. Este dictador, criminal de guerra y asesino de sus propios ciudadanos en la

Federación Rusa y en el frente (200.000 muertos de momento) sólo escucha a su ego. Miembro de enlace de la KGB con la Stasi de Alemania oriental, para la caída de la URSS, fue un desastre. Putin es un Hitler o Stalin del siglo XXI y no se puede esperar racionalidad y sí empeño en quedarse lo que no es suyo, sacrificando al pueblo ruso para destruir la Ucrania que pretende como suya y así pasar a la Historia. Por otra parte, su mente no es europea, es imperial. Desde Crimea, Putin siguió los mismos pasos, con las mismas excusas y con los mismos resultados que Hitler con la anexión de los Sudetes de Checoslovaquia y la falta de reacción de Chamberlain y Daladier con los acuerdos de Munich.

De nuevo como militar, y aunque naturalmente nadie tiene una bola de cristal, ¿cómo prevé el futuro de este conflicto a la luz de las últimas conquistas del Ejército ucraniano en territorio ruso? ¿Va a a cambiar la geopolítica en la Unión Europea, ONU, NATO?

–A falta de la desaparición de Putin, va para largo. Rusia se va hundiendo pero sus reservas humanas son tres veces las de Ucrania. Su economía se va a ver muy resentida en 2/3 años pero el compromiso europeo y estadounidense es firme en el apoyo económico y militar a Ucrania. No obstante, estamos ante un riesgo de Guerra Mundial con varios frentes y a diferentes niveles de confrontación; Pacífico, Oriente Medio y Europa, que se condicionan entre sí. Al tiempo que nos movemos en una economía de huida hacia delante de la deuda que va rozando la Depresión del 29. La política ya ha cambiado tanto en Defensa como en Economía e Industria en la OTAN y la UE. La ONU debe de ser replanteada íntegramente desde el Consejo de Seguridad hasta los gurus de ideologías.

¿A la vista de esta invasión a las puertas de Europa cree en general que España cuenta con unas Fuerzas Armadas capacitadas para repeler una agresión en sus fronteras? ¿Cuáles son sus deficiencias?

–España, penúltimo país OTAN en el gasto dedicado a Defensa, necesita recuperar el tiempo perdido, máxime cuando se le reivindican territorios y zonas de influencia españoles seculares como; Melilla, Ceuta y Canarias por un vecino cuyo rearme es enorme. Deficiencias en personal y material, falta completar plantillas de las unidades; armamento y munición, carros de combate, misiles de largo alcance (+500 km), drones, artillería antiaérea, helicópteros de ataque y de transporte con capacidad de reabastecimiento en vuelo. Se está haciendo un esfuerzo importante desde el 2022 en adquisiciones pero hay que recuperar muchas capacidades. Para España son claves los submarinos y decidir la clase de aviones para la nueva capacidad aérea de interdicción necesaria en nuestra zona de interés.

Usted lleva retirado ya unos años del servicio activo, ¿qué opina como ciudadano de la situación política en España? ¿Cuáles son los temas que más le preocupan y por qué?

–División y guerracivilismo impulsados desde los partidos. Vivimos una situación peligrosa en una democracia burlada por la degeneración política debido a la corrupción, la impunidad y la mentira que confunde y va contra la libertad de elección. A ello se suma la falta de preparación e ineficiente mega administración que actúa como agencia de empleo más que al servicio al ciudadano. Falta un proyecto para el progreso de España debido a la complicidad con sus enemigos presentes en las Cámaras, que cobran pero no juran ni prometen acatar la Constitución. *Omne regnum in se ipsum divisum desilabitur* (Todo Reino dividido contra sí mismo será devastado).

Para terminar ¿qué consejo le daría a los jóvenes que desean alistarse en el Ejército para ser militares? ¿Es solamente una cuestión de vocación o de tener ciertos valores?

–Los valores integran la vocación de servicio. Se trata de servir a España y a los españoles con la debida preparación, con responsabilidad y la conciencia de sacrificio hasta el final. 'Bienaventurados los que trabajan por la Paz..'. Entre las cualidades morales destaco la confianza en uno mismo, la humildad, el amor a la responsabilidad, el espíritu de sacrificio, la serenidad ante el peligro y la firmeza de carácter. Es una bonita profesión de relaciones humanas con cariño y exigencia. *Si vis pacem para bellum* ('si quieres la paz, prepárate para la guerra').

Biografía del general Vicente Díaz de Villegas y Herrería (1948-)

General de División Retirado. Grados y Destinos; Caballero Cadete Academia General Militar de Zaragoza (1966). Teniente, Academia de Infantería de Toledo (1970). Teniente y Capitán; Operaciones Especiales (OEs), La Legión y Montaña; Vitoria, Bilbao, Zaragoza, Sahara, Seo de Urgel y Jaca (1970-1985). Comandante y Teniente Coronel; Estado Mayor y Operativo en la División de Inteligencia del Estado Mayor del Ejército (EME), Agregaduría Militar París, Planes Operativos del Estado Mayor de la Defensa y Jefe de Estudios de Cursos Superiores para Mandos de Tropas de Montaña y de OEs. (1985-1997). Coronel Jefe de la Sección de Preparación del EME al mando del 4º Tercio de La Legión en Ronda y la Comandancia Militar de Málaga (1997-2001). General de Brigada, al mando de la Brigada de Asalto Aéreo 'Galicia' VII en Pontevedra y Oviedo, y la Comandancia Militar de Pontevedra y Orense (2001-2005). General de División al mando de la Comandancia General de Melilla, incluyendo las islas Chafarinas, peñones de Alhucemas y Vélez (2005-2008). Teniente General (*Force Commander*) de la MONUC del Congo RDC (2008). Cursos: Mando de Unidades de Operaciones Especiales, Mando de Unidades de Montaña (Sobresaliente), Estado Mayor (*General Staff*) y *Nato Defense College* (EM-OTAN) en Roma (Sobresaliente). Paracaidismo, Exploración Anfibia de las Fuerzas Especiales de EEUU, Inteligencia para Oficiales Superiores, Gestión de Crisis (OTAN). Idiomas SLP OTAN: francés e inglés, conocimientos de italiano. Participación en Operaciones reales como Teniente: Impermeabilización antiterrorista del Pirineo por Unidades de OEs (COE Bilbao,1974). Teniente y Capitán: Control de soberanía en Zona de Combate del Sahara Español. (4º Tº Legión

(1974-1975). Teniente Coronel: Coordinación de las Fuerzas Armadas con el Ministerio Interior para la Protección de Objetivos en Elecciones (EMAD,1995). Protección de la Fuerza OTAN para Bosnia Herzegovina (BiH) y Croacia de la IFOR-SFOR (1999-2000). Coronel: Jefe del primer Contingente español en Kosovo (OTAN/KFOR) y Vicecomandante de la Brigada Multinacional Oeste (7.000 efectivos): Seguridad (2001-2002). General Adjunto; Relaciones Exteriores en la División Multinacional Sudeste en BiH: Coordinación y monitorización de todas las Agencias Internacionales ONU, UEO, OSCE, ONGs y Líderes religiosos, Jefes militares y otras autoridades de los tres grupos (croatas, Sserbios y bosniacos, 2001-2002). General: Representante de España ante USCENTCOM en Tampa (Florida/USA). Monitorización del empleo de españoles en las Operaciones en Afganistán, Irak y el Cuerno de África (HOA, 2003).Jefe de la Brigada multinacional de la Fuerza de Respuesta OTAN (NRF-5, 2004-2005) Teniente General / *Force Commander* de la MONUC (ONU, 18.000 efectivos) en la República Democrática del Congo. Seguridad de la Población de 70 millones / 2.345.410 Km2. Condecoraciones: Cruz Roja y Valor Reconocido. Dos Grandes cruces militares. Comendador del Mérito (Francia). Cruz Oro del Ejército (Italia). Medalla A Henriques (Portugal).

El general Díaz de Villegas abandonó el mando de la misión de la ONU en el Congo porque las tropas de otros países no le obedecían

'La misión de Naciones Unidas en el Congo ha estado dirigida hasta hace poco tiempo por el general Vicente Díaz de Villegas. Dejó la misión por discrepancias con algunas Fuerzas internacionales en la República Democrática porque los efectivos no obedecían a sus órdenes. El pasado 4 de junio, el Departamento de Operaciones de Mantenimiento de Paz de Naciones Unidas, solicitó a España, entre otras naciones, un candidato para el puesto de *Force Commander* de MONUC. Aunque otros países también presentaron su candidatura, el general Díaz de Villegas fue finalmente el seleccionado. La duración inicial del cargo era de un año, prorrogable por otros dos. Sin embargo, desde su incorporación en septiembre hasta fechas recientes, el General no ha aceptado el modo de proceder de algunos mandos de los países participantes y tomó la decisión de dimitir.

Según las fuentes consultadas por *El Confidencial Digital*, la dimisión de Díaz de Villegas estaba directamente relacionada con algunos de los mandos subordinados de los 57 países que participan en la misión de Naciones Unidas en el Congo, la MONUC, creada al amparo de la Resolución 1279 (1999) del Consejo de Seguridad. La fuerza desplegada era de unos 18.500 efectivos (16.669 militares, 714 observadores militares y 1.063 policías). Las mismas fuentes señalan que los *motivos personales* a los que aludió la ONU para dar a conocer la dimisión tienen que ver con el siguiente análisis que se realiza desde su entorno: las fuerzas de la ONU se encontraban en una zona complicada: En medio de la guerra civil en Kivu Norte, entre tutsis, -bajo el mando del general Nkunda y el más que probable apoyo de Ruanda (bien entrenados y equipados)-, y el gobierrno de Kinshasa -débil y mal entrenado-.

En esta situación, durante el breve mandato, Díaz de Villegas ordenó a un general hindú que atacara a los rebeldes. Las posiciones de MONUC estaban en peligro y los campos de refugiados de Goma (500.000 habitantes sobre todo hutus) estaban entonces cerca de caer en manos de Nkunda. El general hindú, desobedeció la orden, siguiendo las directrices de Nueva Delhi, y rehusó al uso de la fuerza siendo sobrepasado por los rebeldes que se dirigieron a sus objetivos con rapidez. Cuando se produjo este suceso a Díaz de Villegas le faltaban dos meses para pasar a la reserva. La *cadena de mando* en el país estaba en manos de civiles y, desde hacía años, mandaban generales africanos. Con el general español como responsable este sistema se modificó y los británicos tomaron las riendas de la situación.

Díaz de Villegas se dio cuenta de que resultaba imposible mandar una Fuerza de tanta envergadura desplegada en un país de un tamaño aproximado a seis veces el territorio de España, -sin carreteras o trenes y con demasiados intereses económicos- hizo que aquellos que tenían la capacidad para detener la guerra alimentaron sin embargo sus intereses personales. Y es que 'en la ONU cada uno juega el papel que más le interesa a sí mismo o a su país', describen quienes conocen la situación de cerca. Otras fuentes apuntan que el motivo de la dimisión del militar español se debió a su discrepancia con el Gobierno de José Luis Rodríguez Zapatero y la ONU sobre el nombre de la misión y la manera en la que se estaba gestionando la crisis en el Congo.

Desde su salida de la Academia General Militar en 1970 como oficial de Infantería, el general Díaz de Villegas ha estado siempre vinculado a unidades operativas, principalmente de Montaña, Operaciones Especiales, y la Legión, culminando este itinerario como General jefe de la Brigada Aerotransportable. En la actualidad (2011) es el Comandante general de Melilla. A lo largo de su trayectoria profesional ha estado también destinado en la Escuela Militar de Montaña y Operaciones Especiales, Cuartel General del Ejército, Estado Mayor de la Defensa y Agregado de Defensa en París. En cuanto a su experiencia en operaciones cabe señalar su participación las misiones de la OTAN en Bosnia y Herzegovina (IFOR/SFOR) y Kosovo (KFOR). Asimismo, ha realizado numerosos cursos tanto nacionales (Mando de Tropas Paracaidistas, Montaña, Operaciones Especiales y Estado Mayor), como internacionales (los de Paracaidista Francés y Estadounidense, y el del Colegio de Defensa de la OTAN en Roma)'.

El País, 19.8.2011

Tamara Kondratyuk

He abierto el arcón de madera para sacar el viejo documento que he conservado de milagro pero antes de volver a tenerlo en las manos y leerlo, quiero contemplar el mar, ese azul cambiante que siempre está ahí y me acompaña como un brazo amigo. He vuelto a releer esta página amarillenta que resume casi todo mi pasado en Ucrania además de los recuerdos de niña. Un papel que en un lenguaje administrativo frío condenaba a mi padre a trabajos forzados en Kazajistán, esa lejana república poblada por descendientes de mongoles. Mi padre luchó en la Resistencia, primero contra los nazis, y luego contra los soviéticos escondido durante años en los bosques como si fuera una alimaña, hasta que en 1948 fue condenado a seis años de prisión, y después a un exilio forzoso. El Ejército Rojo iba visitando casa por casa por toda Ucrania sacando a la fuerza; médicos, maestros, concejales o intelectuales para asesinarlos. A mi tío abuelo Ivan, maestro de escuela, lo sacaron a culatazos para lanzarlo al pozo de la granja, y a su aterrorizada madre le dijeron que volverían a por sus otros hijos si protestaba. Además, confiscaron todas nuestras pertenencias de la granja de Rivne, se llevaron nuestros animales y el trigo. Fueron años de terror, de miedo, primero hacia los alemanes y luego llegaron los rusos que jamás han sido camaradas o hermanos nuestros como ellos pregonan. Ahora cuando ha sobrevenido de nuevo el terror en mi país preferimos estar *sin casa pero sin rusos* unos seres abominables que creen poseer todo aquello que pisotean. Yo nací en Kazajistán porque mi madre siguió a mi padre a la granja de trabajos forzados para acarrear ladrillos como mulas durante años malviviendo con raciones nauseabundas, y cuando yo nací me envolvieron en una caja de cartón abrigada con paja y camisas usadas, como si fuera un animal. Fue una época de terror soviético. A los siete años mis padres me mandaron de vuelta a la granja materna en Rivne con mi abuela, y allí crecí bajo la bota rusa, estudié en el instituto y con el tiempo terminé los estudios con excelentes notas en Ciencias. Aspiraba a estudiar Ingeniería en la Politécnica de Vinnitsia pero al ser hija de un ex convicto me impidieron el ingreso ocho veces, hasta que insistiendo una y otra vez pude por fin ingresar y graduarme en Ingeniería Electrónica. Conseguí trabajo en una empresa de suministros militares hasta que con la *perestroika* la URRSS se disolvió, entonces perdí el trabajo y me quedé sin dinero. Malviví años con sueldos miserables trabajando en el Ayuntamiento de Rivne manteniendo a mi hijo pero sin expectativas de un futuro digno hasta que en el año dos mil decidí emigrar a España. Fue una decisión casi impulsiva, me habían dicho que era un país bonito, con buen clima, eso era todo. A primeros de año compré un billete de ida a Madrid. En el hostal donde me hospedaba leí con dificultades un anuncio en la prensa que buscaba; secretaria y niñera en la casa de un conocido escritor. Cuando me presenté a la entrevista una mujer elegante me hizo varias preguntas y más tarde me confesaría que entre todas las candidatas yo había sido la que mejor tenía cuidadas las uñas. Un azar del destino. En esa casa hice de todo incluso la comida para la familia y pronto aprendí español. Me trataron como una más. Al cabo de unos años me ofrecieron trabajo en la empresa Yorclin Finas Ltd de Marbella con contrato fijo en el Departamento de Marketing así que me mudé al sur donde he vivido todos estos años. Hace siete me casé con un andaluz de Málaga pero el matrimonio se fue pronto a pique porque me consideraba *propiedad suya*, como un mueble y aún no ha aceptado el divorcio. El caso lleva tres años en los tribunales. La granja de mis padres la he cedido a ocho refugiados que la cuidan y cultivan además un huerto comunal, y cuando falta comida siempre aparecen viandas de los vecinos a la puerta de la casa, además les he cedido mi pensión del Estado ucraniano que aunque es poco les sirve para cubrir las necesidades mínimas. Hace dos años sufrí un desmayo en la calle, todo daba vueltas a mi alrededor; la guerra, los recuerdos dolorosos, un divorcio duro con un maltratador y la certeza de que mi país, Ucrania, padece años convulsos aunque mi hijo y yo estemos a salvo en este país de acogida que siempre nos ha tratado bien. Soy una extranjera sí pero también me siento española, parte de una gran familia que me ha ofrecido un nuevo hogar.

He regresado hace poco de Rivne, después de viajar 500 km hasta Cracovia y desde Polonia a Málaga. No tengo palabras para describir el llanto y el sufrimiento de mis compatriotas; los túneles subterráneos donde se imparten clases a los niños; el silencio de las madres que cuidan a sus hijos; las mujeres que trabajan en los puestos que han dejado vacíos los; hombres, maridos, hijos o hermanos, para luchar en el frente; he visto edificios y carreteras destruídos; he escuchado como la gente canta al anochecer canciones populares para mitigar la tristeza y el dolor por los caídos; cuando en una ciudad cruza un cortejo fúnebre con los féretros de los soldados caídos en el frente, es solo entonces cuando nos arrodillamos y rezamos por sus almas en un silencio que sobrecoge. Y quizás lo que más me heló la sangre fue respirar esa embriaguez en la que han caído los rusos cuando entienden que pueden matar sin castigo ni culpa. La guerra solamente sirve para romper corazones.

5 серпня 92 1/7762.

ДОВІДКА.

13 листопада 1944 року за вбитого учасника УПА Кондратика Миколу Дем"яновича з села [illegible] бувшого Мізоцького нині Здолбунівського району Рівненської області була виселена його сім"я в складі:батька-Кондратика Дем"яна Савелійовича,1870 року народження,матері-Кондратик Марфи Остапівни,1884 року народження і сестри-Кондратик Марії Дем"янівни,1922 року народження,які згідно постанови особливої наради при МВС СРСР від 6 вересня 1947 року зазначені на заслання в Комі АРСР строком на п"ять років з конфіскацією їхнього майна. В матеріалах архівної справи немає відповідних документів щодо наявності майна і його конфіскації. Під час виселення сім"ї Кондратик Д.С.З посімейної картки від 14 листопада 1944 року видно,що в сім"ї Кондратик було залишено двоє коней та одна вівця.

18 липня 1947 року Кондратик М.О. втікла з місця заслання додому,де 31 травня 1948 року була затримана і етапована знову до місця заслання.23 лютого 1950 року Кондратик М.О. померла на засланні /свідоцтво про смерть ЛК № 011657 від 23.02.1950 року/.

21 серпня 1956 року на засланні померла Кондратик М.Д. /Свідоцтво про смерть І-ЖК №301643/.

Документів відносно часу і підстав звільнення із заслання Кондратика Дем"яна Савелійовича в матеріалах архівної справи немає.

У відповідності зі ст.3 Закону УРСР "Про реабілітацію жертв політичних репресій на Україні" від 17 квітня 1991 року Кондратик Дем"ян Савелійович,Кондратик Марфа Остапівна та Кондратик Марія Дем"янівна являються реабілітованими.

Інспектор [illegible] В.П.Грухін.

El militar José María Jayme busca jóvenes exploradores que completen su expedición para ir a la Antártida

La presentación del proyecto *Rumbo Antártida* es el título con el que el Teniente Coronel de Infantería en situación de reserva, José María Jayme, Director de 'Polar Raid', presenta este proyecto en una charla informativa que se celebró el 26 de noviembre (2024) en la Biblioteca Francisco Umbral de Majadahonda. Las características de la charla fueron sencillas: el objetivo de este encuentro es dar a conocer la situación actual de las Regiones polares: el Ártico y la Antártida, así como las actividades que desarrolla España en la Antártida. Y al final, presentar brevemente el: *Proyecto Rumbo Antártida*, dirigido principalmente a estudiantes universitarios y también a otras personas, instituciones y/o empresas que deseen colaborar en el mismo. El formato fue tipo charla informativa mediante con gráficos, mapas, muchas fotos y videos cortos, para pasar luego a preguntas de los asistentes. La duración fue de una hora más los habituales *ruegos y preguntas*. La charla estaba dirigida al público general, sin importar la edad, y a los curiosos por conocer aspectos relacionados con la Antártida.

José María Jayme Bravo es el Director del *Polar Raid Universitario*, Diplomado para el mando de Unidades de Montaña y Profesor de Esquí y Escalada. Posee el Título de Aptitud Pedagógica por la Universidad de Zaragoza, cursos de Producción de Programas Informativos y Técnicas de Reportaje Televisivo por el Instituto Oficial de RTVE y es además Licenciado en Ciencias de la Educación Física y el Deporte por la Universidad de Barcelona. Tiene por otra parte la calificación de Director de Seguridad que otorga la Universidad Juan Carlos I y es experto en Logística para campañas polares. Durante nueve años fue profesor en la Escuela Militar de Montaña y Operaciones Especiales (Jaca, Huesca, España) y autor del libro: *Turismo de Aventuras ¿Te atreves a romper la rutina?*. En 1985 participó en la creación del Grupo Militar de Alta Montaña (GMAM), dirigiendo varias expediciones a los Andes y el Himalaya. Colaboró en la puesta en marcha de las bases 'Juan Carlos I' y 'Gabriel de Castilla' durante las primeras campañas españolas en la Antártida y, desde entonces, ha intervenido en varias expediciones antárticas y diversos proyectos de investigación y educativos. Actualmente es Director de *Polar Raid Universitario* y también responsable del proyecto *Rumbo Antártida* dirigido principalmente a estudiantes, profesores, investigadores y cualquier persona amante de las regiones polares y subpolares.

Los proyectos relacionados con la Antártida en los que ha participado son varios. En las primeras campañas Antárticas españolas: del 88 al 90, participó en la puesta en marcha de nuestras actuales Bases Antárticas, principalmente la Base Gabriel de Castilla, así como en proporcionar apoyo logístico en campamentos terrestres y seguridad en los desplazamientos de los científicos cuyos proyectos de investigación requerían moverse sobre el terreno. La *Expedición de búsqueda de asentamientos loberos y* balleneros (Proyecto San Telmo) fue otro proyecto iniciado en 2003, auspiciado por la Asociación de Exploración Científica Austral de Argentina, de carácter Binacional entre España y Chile para la búsqueda en la Antártida de posibles restos del navío español que probablemente arribó en 1819 hasta el Cabo Shirreff, en la Península Antártica donde perecieron sus 644 tripulantes.

Finalmente el proyecto; *Ruta Polar* se inició en 2009 en colaboración con la Universidad Complutense de Madrid, y tras varios viajes con estudiantes, principalmente a Laponia e

Islandia, se constituyó *Polar Raid* ampliándose más tarde con *expediciones* a; Siberia (Lago Baikal), Hokkaido (Isla norte de Japón), Cono Sur y Lofoten-Svalbard en Noruega. José María Jayme Bravo también organizó la primera expedición a la Antártida en 2023 con un grupo de 18 participantes españoles en el Buque polar Ushuaia, como una experiencia piloto del proyecto: *Rumbo Antártida*.

LAS REGIONES
POLARES.
guía burros
Turismo de
aventuras
¿Te atreves a romper la rutina
José María Jayme

De Majadahonda a Reikiavik para reencontrarme con el escritor y pintor islandés Hallgrímur Helgason

Todo empezó con una portada para mi traducción de la novela del Nobel islandés Halldór K. Laxness (1955): *La base atómica* (Cátedra, 1989). Hallgrímur Helgason había expuesto varias de sus obras en una galería de Reikiavik con figuras que se asemejaban a la época azul de Picasso aunque, una de ellas, titulada: *N.A.T.O* (1984), reflejaba bien el contenido de la novela que había traducido así que en el otoño de 1988 le escribí a Nueva York donde residía por esos años. Hallgrímur me contestó con gran amabilidad informándome de que la pintura realizada en 1984 se había vendido a un constructor llamado John Zelewsky que podía localizarle en el barrio de Breiðholt en Reikiavik donde podría tomar una fotografía para mi libro. El autor estaba altamente sorprendido de que su obra reflejara bien la novela del premio nobel islandés.

Corría pues el otoño de 1988 y desde entonces ha llovido, nevado, soplado vientos huracanados, sin contar los terremotos y erupciones volcánicas ocasionales que también han sobrevenido en la isla para sobresalto de los isleños y otros europeos porque incluso llegaron a interrumpir el tráfico aéreo en Europa durante varios días. Y, por otra parte emigré de Islandia a la bella Noruega durante unos buenos años, un país de grandiosidades geológicas que asusta; la soledad es inmensa, la tierra de roca desnuda, los bosques impenetrables, las montañas un delirio mineral y los fiordos no llegan a ninguna parte pero donde los noruegos se pasean por su país con la misma naturalidad que lo hacen los madrileños por la Plaza Mayor. Hay países dulces, soleados con gente amable, tierras llenas de gracia, con rincones frescos, de colinas fáciles alejadas de una naturaleza bestial. Así que con el paso del tiempo y el azar del destino emigré de nuevo a la: 'España de los patios, de la piedra piadosa de las catedrales y santuarios, de la hombría de bien y de la caudalosa amistad, la España del ibero, del celta, del cartaginés y de Roma, de la otra guitarra, la desgarrada' (J.L. Borges: *España*) a una España madre de ríos y espadas que no pude olvidar porque inseparablemente estaba en mí sin saberlo.

Y así recalé como un naúfrago a la deriva en Majadahonda, esta villa señorial con un imponente casco histórico florentino donde el arte y las flores florecen (valga el ripio) por todas las esquinas del municipio para solaz de sus vecinos.

Hallgrímur Helgason es un afamado escritor y pintor islandés. En los ochenta estudió Artes Visuales en Islandia y Alemania aunque pronto comenzó a mostrar su talento artístico con paisajes románticos inspirados en la naturaleza islandesa. A finales de los ochenta vivió en Nueva York y expuso en las galerías: Hal Bromm y Stux al tiempo que dirigía un programa de radio llamado; Radio Manhattan en el que narraba la vida en la Gran Manzana. De la pintura pasó a la novela en 1990 con su primera obra: *Hella*, que narra la historia de una adolescente que va madurando en la Islandia rural. Entre 1990-1995 vivió en París donde abandonó los paisajes para centrarse en las figuras humanas en tono azul características de su obra. Además prosiguió escribiendo, publicó; *Todo va a salir bien* (1994) una novela que narra la vida *exitosa* de una actriz a la que todo le sale mal e ironiza la cultura de perseguir el éxito a toda costa. La obra fue representada en el Teatro Nacional de Islandia. Con gran diferencia de otras de sus obras, Hallgrímur se dio a conocer fuera de Islandia por su novela: *101 Reikiavik*, (101 es el barrio céntrico de la ciudad) llevada a la pantalla y protagonizada por Victoria Abril quien se enamora de un vago llamado Hlynur Björn que, abrumado por la vida sexual de su madre, le presenta a Lola con quien sale del armario ya embarazada. A esta comedia nórdica siguió otra novela, *El Escritor de Islandia* (2001) en la que una parodia del nobel islandés Laxness causó cierto escándalo en la isla y ha sido traducida a varios idiomas. Además de la pintura y la novela, Hallgrímur ha creado un personaje de dibujos animados llamado *Grimm*, una mezcla de Drácula y Pinocho que le ha servido para curar un trauma que vivió en sus años jóvenes en Italia. Su carrera como autor ha ido creciendo sin parar con: *Sr. Universo* (2002), un *ciné-roman* lleno de humor (con personajes como; Marlon Brando, Woody Allen, Mike Tyson o Salman Rushdie), *Stormland* (2005), *La guía del sicario para la limpieza de la casa* (2008) que cuenta la vida de *Toxic*, un asesino croata, que tras sesenta y seis asesinatos, suplanta la identidad de un pastor evangelista de Richmond en Virginia, se esconde en la isla y le permite describir una Islandia como si nunca hubiera vivido en ella. En 2011 publicó la única novela traducida al español: *La Mujer de los Mil Grados*, basada en la vida real de la Sra. Björnsson, hija de uno de los pocos voluntarios islandeses que lucharon con los nazis. En el 2013 Hallgrímur tomó de nuevo los pinceles para realizar retratos de escritores insignes islandeses y también uno de Jón Gnarr, el humorista y ex alcalde de la ciudad de Reikiavik que ganó la alcaldía en 2014 con su partido: *El Mejor Partido*. Su obra pictórica se encuentra en muchos museos europeos. Como autor ha escrito; novela, teatro, literatura infantil y poesía.

Este es el autor polifacético con quien me encontré después de tantos años en el café de la Sala Kjarval, en el centro de Reikiavik. Como además de la portada del libro que me llevó a escribirle en 1988 había pintado un óleo sobre Mariupol (Ucrania), y yo escrito, casualmente, un ensayo sobre la Guerra en Ucrania los hilos del destino volvieron a unirse entre nosotros en un encuentro mágico. Así es la vida: pura magia.

(Nota en la postal:

Museo de Kjarval 6.11.2024

Para Eythór con un saludo islandés. Divertido haberte conocido finalmente)

MARIUPOL

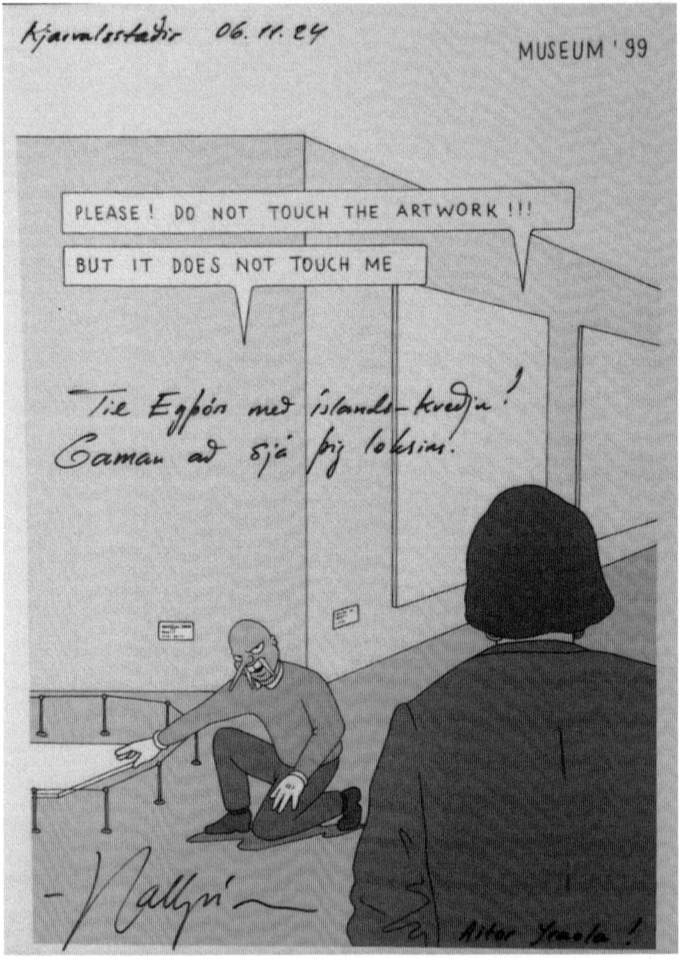

Kjarvalsstaðir 06.11.24

MUSEUM '99

PLEASE! DO NOT TOUCH THE ARTWORK!!!

BUT IT DOES NOT TOUCH ME

Til Egþórs með íslands-kveðju!
Gaman að sjá þig loksins.

Aitor Yraola!

Javier Láinez López el párroco de San Josemaría de Aravaca que construye su iglesia ladrillo a ladrillo

Javier Láinez López tomó posesión de la parroquia de San Josemaría Escrivá de Balaguer en Aravaca el 9 de setiembre de 2019 en el transcurso de una Eucaristía. Fue ordenado sacerdote en la Basílica de San Pedro por Juan Pablo II hace más de treinta años y durante once fue rector en la basílica de San Miguel en Madrid, de estilo barroco italiano fue ordenada construir en 1754 por la reina Isabel de Farnesio con piedra volcánica traída desde el volcán de San Miguel. Con fachada convexa obra del arquitecto Santiago Bonavía, -miembro de la Real Academia de Bellas Artes de San Fernando y director del departamento de Arquitectura en 1753- y siglos después el Opus Dei se hizo cargo de ella construyendo una cripta bajo el edificio renombrada: basílica Pontificia de San Miguel.

De este solemne edificio en el centro de Madrid Javier Láinez se trasladó a una *iglesia prefabricada en construcción* en Aravaca y, desde entonces se ha dedicado en cuerpo y alma a edificar una casa de Dios. La parroquia de San Josemaría de Aravaca es una comunidad viva que desde su fundación en 2007 no ha dejado de crecer como un hogar entrañable. Con el tiempo surgió el proyecto: 'Complejo Parroquial San Josemaría de Aravaca. Centro de culto, servicios sociales, culturales y educativos'. Además de un moderno lugar de culto, el edificio que se levante contará también con un centro de actividades sociales y educativas. Para llevar a cabo este milagro de construir una iglesia de la nada Javier Láinez ha dado con la genial idea de *vender ladrillos* a los feligreses u otros interesados en esta obra monumental con una suscripción mensual *por ladrillo* que le ha permitido reunir a miles de avalistas para obtener un crédito bancario que sufrague los gastos de la construcción del edificio. Javier Láinez no es un cura corriente, mostrando desde joven su vocación religiosa, es licenciado en Derecho por la Universidad Complutense y doctorado posteriormente en Filosofía en la Santa Croce de Florencia. Ha servido desde hace unos años como párroco en Aravaca donde ha desplegado su talento y buen hacer en beneficio del prójimo. Además de sus tareas pastorales; juvenil, catequesis, pastoral familiar, grupos de oración, pastoral de enfermos y atención a mayores y grupos de voluntarios,- que en las pasadas semanas organizaron convoyes de universitarios para llevar alimentos a la devastada Valencia- es además y sorprendentemente: dramaturgo, escritor y fundador de un club literario de lectura. Javier Laínez no para. Cofundador también de Jana Producciones en el 2000 una compañía,- con edificio propio- consolidada como referente obligado en la producción de eventos musicales para todos los públicos con el objetivo de ofrecer grandes espectáculos en los que se combinan puestas en escena con modernas coreografías y música de estilo muy diferente; rock, *jazz-funky*, baladas, tecno, *hip-hop*, *dance* o *blues*. De las producciones de Jana destacan; *Blancanieves Boulevard* (premiado mejor musical 2010), *Antígona tiene un plan* (premiado mejor musical 2007), *Music Show*, *En nombre de la Infanta Carlota*, *La leyenda del unicornio*, o *El diario de Adán y Eva en Broadway* y otras más. Jana Producciones es también una escuela de actores y artistas puntera con una plantilla de profesionales de primera clase que actúan en los estrenos más importantes del panorama nacional habiendo cosechado ya hasta 46 premios nacionales.

Por si estas actividades fueran poco Javier ha tenido también tiempo para escribir libros; un cuaderno de catequesis dirigido a niños (*Catequesis de iniciación cristiana*, Sanjo books: 2008), ha escrito también varias obras de teatro que al parecer son su plato favorito, y durante el confinamiento en la pandemia sacó a la luz: *Via crucis, compilación de las estaciones del Vía Crucis a través de los ojos de San José de Nazaret*, Sanjo books: 2022) un libro bellamente ilustrado que nos invita a recorrer las estaciones de la *via sacra* que hacían los peregrinos de Jerusalén desde la visión de San José, un hombre justo espectador en la sombra de los pasos de Jesús de Nazaret. Con este esquema narrativo para cada una de las estaciones el autor pretende que el lector/orante no sea un mero testigo de la pasión, sino que se involucre para sentir su fe.

La dedicación pastoral, intelectual y artística de este párroco, -que se mueve por Madrid con una bicicleta eléctrica tocado con boina como si fuera un cura rural- y vive su vida monástica en un piso compartido cerca de la parroquia es inusual. Es además co-fundador en el 2020 del Club de lectura: *Gilbert & Frances Literary Shelter* inspirado en la obra del escritor Gilbert Keith Chesterton (1874-1936), un autor prolífico, filósofo, periodista que pasó en su juventud de pertenecer a la iglesia anglicana, el ateísmo, al agnosticismo y de ahí hasta su conversión final al catolicismo con el testimonio de su obra: *El hombre eterno* (1925).

Junto a Javier Láinez había otras tres personas, vecinos y feligreses, interesados en leer libros que ayudaran desde la Literatura a cultivar la espiritualidad, transmitir la pasión por la lectura a los hijos y salvarles de la adicción a las pantallas. Durante los últimos años las lecturas han sido muy variadas; *Un caballero en Moscú* de Amor Towles; *Un árbol crece en Brooklyn* de Betty Smith; *Aguas primaverales* de Ivan Turgéniev; *El despertar de la señorita Prim* de Natalia Sanmartín; o *El señor de las moscas* de William Holding por poner unos pocos ejemplos. Las reuniones, picoteo y los acalorados debates se celebran en un área reservada de un restaurante céntrico de Aravaca y para dar fé y constancia se publica una crónica de las reuniones y lecturas en la revista del club de la página web de la parroquia: https://mk.psjosemaria.es. En el debate, que se prolonga durante más de dos horas, las obras se califican según su valor narrativo, calidad, valores espirituales y humanos que aportan, en una cadena de opiniones, valoraciones de los personajes, trama y lo sugerente o no de la narración en un ambiente de máxima libertad de opinión y sin juicios o prejuicios sobre la obra, autor o participante.

Todo este ingente trabajo; pastoral, cultural y humanitario ha sido recompensado simbólicamente con una carta manuscrita de felicitación dirigida a Javier Láinez López por la mismísima Santa Teresa de Jesús que el párroco exhibe con orgullo en una de las paredes de su modesta habitación.

JANA
CANTAR
BAILAR
ACTUAR
SOÑAR

Jana Junior
De 6 a 16 años

JANA

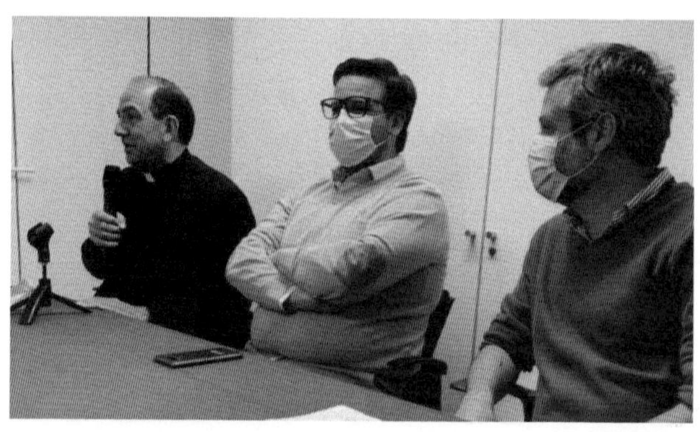

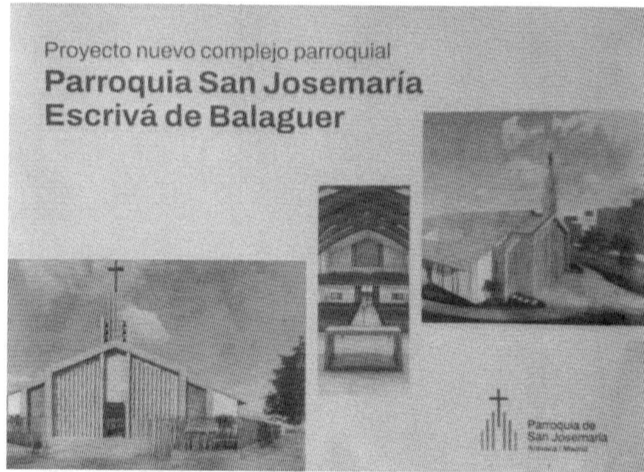
Proyecto nuevo complejo parroquial
Parroquia San Josemaría
Escrivá de Balaguer
Parroquia de
San Josemaría

Al muy magnífico señor Don Diego Laynez, arcipreste de la [illegible] basílica de San Miguel Arcángel, en Madrid

✝
IHS

La gracia del Espíritu Santo sea en el alma de vuestra señoría

Ha llegado a mi noticia del jubileo de plata que va a celebrar vuestra señoría el próximo XXI de mayo. Doy gracias a Dios que le ha dado perseverancia en su santo servicio durante tantos años y aun ha de darle muchas gracias y beneficios, pues no es corta la mano de su majestad para con aquellos que le son fieles.

Ocasiones son estas de dar gracias y [illegible] muy [illegible] y [illegible] su divino acatamiento [illegible] tantas mercedes [illegible] obligado a corresponder a ellas tanto más [illegible] el [illegible] de las maneras que se puede gozar en esta vida y [illegible] con esto el [illegible] recibido [illegible] tan [illegible] como [illegible] que [illegible] por ese privilegio [illegible] muy obligado a ser santo y no [illegible] en oficio tan encumbrado [illegible] del como vemos en el [illegible].

[illegible] que [illegible] siempre [illegible] de agradecer muy mucho a vuestra señoría [illegible] como ha hecho a nuestro señor y a su [illegible] en [illegible] que [illegible] años en los [illegible] puede [illegible] Dios [illegible] su [illegible] y [illegible] a todo lo que le han [illegible] así como su gran [illegible], [illegible] y [illegible] para con sus prójimos [illegible] y esa tan particular devoción por el [illegible] de la [illegible] en su [illegible] como [illegible] de Dios el [illegible] no [illegible] jamás [illegible] cuando celebra [illegible] que ha [illegible] vuestra señoría [illegible] al punto de que se le han [illegible] estos cargos y [illegible] a que [illegible] de Dios su santa gracia para continuar en ese [illegible] y cada vez de [illegible].

[illegible] más [illegible] que os [illegible] durante [illegible] que [illegible] días de [illegible] y [illegible].

[illegible] y en especial estos [illegible] de [illegible] vos [illegible] a Dios en su [illegible] y no nos [illegible] en [illegible].

[illegible] hoy día XXII de mayo de [illegible]

Siervo indigno de vuestra señoría,

Diego de Laynez

Habibi y la pequeña Rebecca

El amor entre niños no conoce fronteras ni religiones. Rebecca es una niña retraída de seis años que entabló amistad en la guardería con un niño musulmán de origen palestino; cada día durante ocho horas andaban siempre juntos, pintaban y montaban en bicicleta. Invitamos al niño a menudo a visitar a su querida amiga mientras que su madre estudiaba y nadie cuidaba de él. Rebecca estaba entusiasmada con las visitas y corría siempre a abrirle la puerta cuando venía el coche del padre a traerla. Y, a menudo, *habibi* se resistía a marcharse de nuestra casa porque no quería regresar a su hogar pero a Rebecca nunca la invitaban a ir a casa de *habibi*. El padre decía querer invitar a Rebecca pero por razones incomprensibles nunca lo hizo. Hace unos meses mis invitaciones a que el niño nos visitara fueron desoídas con numerosas excusas; '*habibi* está con su abuelita', 'mañana no conviene', 'hoy está en un cumpleaños', y tampoco se ponía al teléfono para hablar con su pequeña amiga. En una ocasión me encontré con el padre de *habi*bi en la guardería pero se escondió para evitar hablar conmigo, y en otra reunión sus padres musulmanes evitaron encontrarse con nosotros. Hace unas semanas me armé de coraje y les envié un mensaje:

Mi esposa y yo sentimos mucho que vuestro niño no pueda ver a Rebecca fuera del jardín de infancia porque ambos son felices el uno con el otro; se abrazan, caminan de la mano, se sonríen cuando se encuentran y juegan siempre juntos. Pronto nuestros hijos irán a escuelas distintas y no se podrán ver. Habibi es un niño maravilloso que no desea separarse de Rebecca, y nos parte el corazón que no disfruten más de tan tierna amistad.

El padre musulmán contestó el mensaje de forma airada quejándose de la molestia que suponía tener que llevarle y traerle en coche hasta nuestra casa. El día del cumpleaños de Rebecca repartimos invitaciones a los niños de la guardería porque ella estaba ilusionada y expectante a que acudiera su amigo. En esa ocasión le mandé un mensaje a la madre de *habibi*, diciéndole que al no contestarme su marido, le pedía a ella que trajera al niño a la fiesta. La madre justificó también su ausencia con toda clase de excusas. Rebecca estaba desolada, no entendía el distanciamiento y nosotros teníamos remordimientos por creer haber hecho algo mal. Fue entonces cuando me puse a estudiar la educación infantil entre los musulmanes y encontré el pasaje siguiente del *Corán*:

'Presta atención a la compañía de tu hijo. Los amigos tienen un gran efecto en la personalidad de los niños, así que presta atención a sus amigos. Los niños deben ser conscientes de las reglas del Islam sobre la interacción de género y se les debe enseñar desde una edad temprana *a bajar la mirada* cuando están cerca del sexo opuesto. *Los padres deben asegurarse de que los niños solo puedan jugar con otros niños, y del mismo modo, las niñas solo con las niñas*. El profeta Mohammed dice: Un hombre sigue la religión de su amigo, así que cada uno debe considerar a quién darle su amistad, lo que significa que debes alentar a tu hijo a reservar amistades cercanas para otros niños musulmanes. Asegúrate de que los amigos de tus hijos no tengan una mala influencia sobre él y que crezca con buenos modales y moralidad. Asegúrate de que tu hijo entienda desde edad temprana los límites que Alláh ha establecido para la interacción entre niños y niñas'.

El misterio de la ausencia estaba aclarado; a *habibi* no le permitían sus padres musulmanes visitar y disfrutar de la amistad de su amiguita cristiana porque era una *niña* y los sábados estaba siendo adoctrinado en una escuela coránica, y según la creencia anacrónica debía seguir los dictámenes de: Abū l-Qāsim Muḥammad ibn 'Abd Allāh ibn 'Abd al-Muṭṭalib ibn Hāšim al-Qurayšī o *Mahoma* en castellano que predicó en La Meca entre 570-632 la sumisión absoluta a Alláh.

La última semana de junio fue la última vez que Rebecca y *habibi* se vieron. Después de las vacaciones de verano el niño musulmán fue a una escuela del barrio y Rebecca a una católica. No parece que puedan encontrarse y disfrutar de ese amor puro y limpio que mostraban cuando estaban juntos o se sentaban cogidos de la mano para ver la televisión o cuando caminaban codo a codo por la calle bien contentos. Parece que aún queda mucho camino por recorrer, también en la Noruega cristiana buenista, para apartar el fanatismo religioso de los niños que solamente desean ser felices y quererse por encima de religiones, credos y normas:

'Alegrémonos y estemos felices' (*Hava naguila*)

(Relato original de Miguel Ángel Quesada Pacheco)

La cita poliédrica y el clavel

'D.Luis: -¡Por Dios que sois hombre extraño! / ¿Cuántos días empleáis / en cada mujer que amáis?

D. Juan: -Partid los días del año / entre las que ahí encontráis. / Uno para enamorarlas, / otro para conseguirlas / otro para abandonarlas, / dos para sustituirlas / y una hora para olvidarlas. / pero la verdad a hablaros, / pedir más no se me antoja, / y pues que vais a casaros, / mañana pienso quitaros / a doña Ana de Pantoja'.

José Zorrilla. *Don Juan Tenorio*: 59.

Alicia entró en el restaurante mirando hacia ambos lados hasta dar en una esquina del restaurante con el caballero andante. Vestía un traje largo color verde oscuro. El apuesto galán se puso en pie acercándose hasta ella, inclinó la cabeza y le dio un beso superficial en ambas mejillas. Sobre la mesa había un clavel. Se miraron con curiosidad y ella comenzó enseguida a hablar de sí misma durante una hora interminable, casi sin pausas. Trabajaba en la sección de Restauración del Palacio Real, había nacido en Galicia, practicaba el golf y tenía innumerables amigas con las que salía a cenar en restaurantes *chic*. Su matrimonio se había disuelto por puro aburrimiento y ansiaba *rehacer su vida con alguien que la amara.* Alicia pronto desapareció sin dejar rastro. Al poco tiempo entró en el mismo restaurante Flor María, una señora peruana que contó, a ritmo pausado, que se había casado muy joven con un alférez de la Marina que la maltrataba. Harta del acoso y con hijos viviendo en el extranjero, un día de otoño hizo la maleta y emigró a la Madre Patria en busca de mejor vida. En Lima había sido agente inmobiliario y soñaba pues con gestionar compras de pisos de *alto standing* para limeños solventes. Buscaba afanosamente un hueco laboral (gestionaba un visado como residente) mientras vivía de los ahorros en un piso compartido al norte de Madrid donde también alquilaba habitación una pareja de lesbianas bien simpáticas. Le encantaba ser invitada a cenas opulentas porque procedía de la élite militar limeña. Flor María también desapareció pronto y se llevó el clavel, ya marchito. En un mensaje escueto al galán le decía que había encontrado en una esquina un príncipe azul que iba a alojarla en su casa sin verse obligada ya a pagar alquiler alguno, y por eso desbordaba felicidad. Transcurrió el verano lánguidamente y, a principios de otoño, regresó al mismo restaurante para colocar sobre la mesa un clavel amarillo. Justo a la semana siguiente acudió a una cita Luz, una teleoperadora que añoraba ser amada practicando yoga. Era vegetariana, había escrito un libro sobre dietas saludables, y compartía su piso con; la hija mayor, el marido, -un camionero polaco- y un nieto. En su casa, aunque todos se llevaban bien, era difícil tener privacidad y mucho menos invitar a un galán a tomar café para que le entregara el clavel. En esa cita el caballero andante se vio obligado a salir del restaurante insistiendo en llevarse consigo la flor. Durante tres largos meses de invierno cortejó con dedicación a María Dolores, casada joven y vírgen con un perturbado que la había arruinado y aún la acosaba. Era alta, esbelta, fina, jugadora de pádel que siguiendo un impulso autodestructivo nunca fue capaz de dejar al esposo, y rozando ya los sesenta, cuando la situación entre ellos era insufrible, y el padre llegó a abofetear a los hijos, solo entonces fue capaz de armarse de valor para cambiar la cerradura de la casa. El galán se percató pronto de que María Dolores se había engañado a sí misma durante años creando un mundo de fantasías y soñó que le dejaba una nota a su nombre en el restaurante sin flor alguna:

'Despedida formal y racional

Esta semana me he despedido de tí con la cita de un libro, unas imágenes sugerentes, la opinión de Antonio Gala sobre la felicidad y una canción que es un canto a la vida a través de la música

Durante tres meses: nos hemos estado conociendo, has afirmado con razón pero no nos hemos acostado que es otra forma real de conocerse, yo no tomé la iniciativa por respeto aunque me hubiera apetecido en varias ocasiones. El sexo es una forma de expresar cariño. Se explica porque eres una señora bien y la ex de un solo hombre (esa es la versión oficial). Eres una mujer atractiva pero te lo tienes creído, tampoco es para tanto, y me temo que tu racionalismo y rigidez son una forma de defensa por haber vivido décadas con un psicópata agresivo que aún te acosa y ha dejado huella en tu vida, desgraciadamente. Es triste no haberse separado mucho antes y haber podido mantener tu dignidad como persona.

Yo te he ofrecido mi corazón en una bandeja de plata, sin condiciones y he estado dispuesto a amarte como tú misma has escrito en el panfleto publicitario que colgaste en la red que, ahora compruebo, es solo eso, un panfleto teórico. Amar requiere de mucha dedicación y esfuerzo y yo estaba dispuesto a hacerlo. Cuando de manera frívola cortas nuestra relación considerándola amistad porque un relámpago en forma de caballero andante se cruza en tu camino es una hipocresía porque te refieres solo a tí misma, yo he tenido sentimientos auténticos más allá de la amistad. El 17 de mayo ya habían pasado diez días desde tu relámpago amoroso y dijiste hacerme el favor de acudir a la fiesta polaca porque tenía tantas expectativas aunque hubieras preferido no ir para no engañar al otro del que te habías enamorado perdidamente y dijiste ser una mujer de fiar. Todo esto es burda hipocresía y falsedad, lo pasaste genial porque era un encuentro extraordinario al que pocos españoles hubieran podido acceder, conocer un poco de Polonia y a personas estupendas en la reunión social. El broche de oro de la fiesta terminó degustando bombones de trufa bañados en champán de la pastelería de la Casa Real inglesa, en tu coche. ¿quién te ha ofrecido algo así antes?.

Nuestra relación me deja un sabor agridulce, una experiencia más en la vida con una mujer, otra decepción. Apenas nos hemos conocido en unas cenas formales y organizadas, no ha habido improvisación porque tienes la vida metida en razones y planes, un trabajo absorbente y muchos apegos y dependencias emocionales con hijos, al menos dos, que son niños grandes aún, pero eso sí, tienes la gran suerte de contar con amigas de pádel, un amigo extraordinario que te guarda el café en la nevera para la próxima visita, y ahora, ni más ni menos a un galán montado en un caballo blanco que seguro te adorará el resto de tus días. No te mereces a tu lado a un caballero como yo'.

En la floristería cercana al restaurante, los bonaerenses que la regentaban le conocían bien y siempre envolvían los claveles que compraba en papel celofán. Al cabo de unas semanas interminables, un sábado noche, Pilar acudió a recoger la flor y entrevistarse con el ansiado príncipe azul que siempre ocupaba el mismo lugar del restaurante. Trabajaba en el ayuntamiento de un municipio al sur de la capital, padecía artritis reumatoide y seguía por ello un tratamiento experimental con inyecciones mensuales de células vivas. Era viuda de un guardia civil, su padre también lo había sido, y el hermano ocupaba el puesto de coronel, también en el Cuerpo. Su vida transcurría a la deriva en un trabajo aburrido del que esperaba jubilarse pronto para dedicarse a escribir en algún pueblo perdido del mítico Norte donde las praderas son eternamente verdes. Esas eran las ilusiones que acariciaba después de haber confesado al galán que su última pareja la había maltratado. El malestar que dejó el almuerzo con esa mujer singular le alteró también el sueño con una nueva pesadilla:

Una mujer vestida con una bata de colores, largas pestañas, uñas pintadas de color rojo se iba con él a un hotel, se alojaban en habitaciones separadas. Su marido había sido policía, fumaba maría y era un bruto. Desde entonces fue dando tumbos, abrió una tienda de ropa en un pueblo toledano donde se arruinó, se casó con un rumano y luego con un argentino, cuidaba ocasionalmente de dos hermanos discapacitados, su hijo precisaba trasplantes de riñón cada cinco años, y una hija a su cargo, -porque odiaba al padre- que soñaba con vivir en Inglaterra pero sin apenas estudios las posibilidades de encontrar un trabajo decente eran ilusorias. Como su padre había fallecido hacía poco mantenía además un pleito con su hermano por una herencia.

Se despertó sobresaltado, el corazón le palpitaba con fuerza, salía del sueño confuso, las mujeres que había conocido en el restaurante arrastraban un pasado preocupante, a veces doloroso, no encontraban un rumbo claro en la vida y pretendían que el galán fuera; un faro, ancla o barco para poder embarcarse a salvo.

A Pilar, siguió María de la O que había vivido el amor de su vida durante veintitrés años hasta que un cáncer le arrebató el marido; le diagnosticaron glaucoma, y por si fuera poco, su madre fallecería poco después. Las desgracias se habían acumulado en su vida, primero se hizo auxiliar de enfermería y posteriormente enfermera titulada trabajando siempre en Urgencias y conviviendo a diario con el dolor humano. Como había adelgazado diez kilos por el peso de las desgracias, una de sus amigas le sugirió que aprendiera a bailar, y eso hacía, dos veces por semana en la Academia Vicky y Antonio en el otro extremo de la ciudad. El baile y la música le habían devuelto cierta alegría ya que incluso, algunos fines de semana, los alumnos de la academia hacían excursiones culturales a otras ciudades para socializarse y bailar toda la noche, sin embargo, sus marcadas ojeras y extrema delgadez parecían sugerir otra cosa: su alma no se había restablecido aún del dolor por las tragedias, y la sombra del marido le seguía a todas partes porque había fallecido solo en la habitación mientras ella se había ido a casa desde el hospital para cambiarse de ropa y ducharse. ¿Cuál es el límite del sufrimiento? ¿puede una mujer seguir adelante cuando la vida ha estrujado su alma?.

Uno de los camareros le había dejado un sobre con una nota:

'Mi madre me decía que era una golfa porque con dieciocho me lié con un cirujano, y pasó lo que tuvo que pasar, que me quedé embarazada con veinte. Así nació Daniel, mi primer hijo. Cuando lo dejamos porque abusaba de mí, -fíjate hasta dónde puede llegar un médico- conocí al padre de mis otros dos hijos pero con el tiempo me dí cuenta de que era un hombre pusilánime que se dejaba arrastrar por los amigos a prostíbulos, y entonces fue cuando nos separamos. No he sabido escoger bien a los hombres, y así me ha ido. Al poco tiempo de la ruptura tuve la suerte de heredar la finca de mis padres en Candeleda (en la Sierra de Gredos) así que abrí un hotel rural de lujo que ha ido muy bien todos estos años. Yo me hacía la idea de tener una casa de campo, invitar a mis hijos a pasar temporadas y disfrutar con ellos el último tramo de la vida, pero está claro que no se puede preveer el futuro. Mi hijo pequeño tiene una productora y apenas le veo, el mediano es financiero, vive en Miami, el mayor es cirujano, y trabaja en Elche así que apenas tiene tiempo ni para descansar, y menos aún para estar con su madre. Así que por eso quiero deshacerme de todo, encontrar a un hombre que me quiera y vivir feliz sin responsabilidades. Paula'.

No conseguía salir de su asombro con las vicisitudes personales de estas mujeres que pretendían encontrar un príncipe azul cargadas con traumas sin resolver.

El restaurante de los encuentros con clavel se desplazó por unos días a Cartagena. Antes de partir hacia el sur había conocido a Montse Ferradell, con cuatro parejas a sus espaldas; un enfermo de hidrocefalia que la condujo a tener ideas suicidas, un andorrano rico, un vasco y un aristócrata cuyos hijos la despreciaban por considerarla un obstáculo para la sustanciosa herencia familiar que esperaban conseguir. Alta, elegante, informática, sociable, cuidaba con dedicación a su anciana madre turnándose con una hermana entre el municipio de Pozuelo y el Barrio de los metales. Fueron a ver la obra de Delibes: *Las guerras de nuestros antepasados,* cenaron en Edelweiss y emprendieron juntos pero separados un viaje hasta la ciudad cartaginesa donde acudieron a un concierto del nieto de Bebo Valdés, el gran compositor cubano. San Javier, Los Alcázares y la terraza de su amiga Claudia, -en la calle del Olivo- fueron los escenarios que sustituyeron el clavel. Montse era de un pueblo madrileño pero por su porte y cultura parecía ser una marquesa venida a menos que, con cierta amargura, decía estar en la ruina con una hipoteca elevada y cerca de la prejubilación.

Y también le llegaron por correo otros mensajes surrealistas como el de la señora que vestía con ropa de marca y trabajaba hasta la tarde del sábado pero deseaba tener un romeo a la medida de sus necesidades *buscando el tiempo donde no lo había.* O ese breve mensaje de la señora que se había casado veinteañera con un abogado rico de treinta y cinco, trabajado en Derecho fiscal toda la vida y su marido la había engañado con señoritas de compañía, y abuela y con achaques, buscaba un acompañante a toda costa, que además fuera chófer, porque no había aprendido a conducir. Contaba con orgullo que su hijo había comprado cincuenta y cuatro pisos en Madrid y disfrutaba de la vida en un crucero por Japón, y una hija trabajaba en Bolsa, en ese mundo rutilante de acciones e inversiones con beneficios suculentos. ¿Hasta qué grado de ilusionismo pueden llegar las señoras sesentonas? .

Y en el trasiego de citas, claveles y biografías tuvo una nueva pesadilla:

Viajaba en tren hasta la ciudad santa de Santiago de Compostela donde tuvo la oportunidad de cenar con una notaria de Santa Comba que había ganado las oposiciones joven y ejercido desde entonces. Su vida giraba alrededor del trabajo en su notaría.Tenía una hija psicóloga clínica que trabajaba en un centro de drogodependientes en la capital, y un hijo que atendía con ella a los clientes pero que no acababa de encontrar su vocación;había preparado sin éxito unas oposiciones a policía nacional en Ávila para ser descalificado en la prueba física por dos segundos.

Ni en la realidad o en las pesadillas la vida resultaba favorable a todas estas mujeres que arrastraban cargas familiares o frustraciones sin fin impidiendo que alcanzaran el equilibrio emocional necesario para iniciar una relación sana. Sus aspiraciones eran irreales, arrastraban cadenas invisibles, eran asediadas por fantasmas del pasado, ansiaban; salvadores, terapeutas, rescatadores que les ofrecieran una felicidad postiza que tranquilizara el desasosiego de sus almas.Y fue entonces cuando tras esas reflexiones en el restaurante una tarde, Edison, el camarero peruano, le entregó un sobre cerrado que contenía una carta:

'Desde niña siempre deseé ser una realizadora de sueños, de adolescente me di cuenta de que esa profesión no existía, estaba solamente en mi cabeza. Comencé a pensar en cómo lograr mi sueño. Deseaba ser arquitecta pero mi hermano estaba a mitad de los estudios de Medicina y mis padres trabajaban una enormidad. Jamás he dicho a nadie que soñaba con ser arquitecta. Hice un curso de Técnica de Radiología que me ayudó a obtener empleo, y más tarde ya pensaría en hacer Arquitectura. Al acabar los estudios me puse a trabajar y solamente trabajando por las mañanas era la que más ganaba de la casa, y pensé que si compraba un coche, también podría trabajar por las tardes y ganar el doble, ayudar a mis padres y estudiar Arquitectura. Era una ilusa porque los estudios eran muy laboriosos, y además con dos trabajos jamás podría emprenderlos. Me encantaba hacer planos de casas pero era mala dibujante, me pedían dibujar un elefante y yo pintaba una nevera. Pensé que Arquitectura era una vana ilusión porque no sabía dibujar, entonces fue cuando empecé a hacer el curso de Gestión inmobiliaria que me fascinó con el que podía dar alas a mi imaginación. Chica fiel, me casé con mi primer y único novio a los veintinueve años, después de siete y medio de noviazgo pero la relación con mi marido pronto cambió, él había cambiado, se convirtió en un hombre irascible y violento. Al cabo de tres meses mi mundo se había desmoronado, y nos divorciamos. Mi decepción no podía ser más grande y entonces me centré por completo en el trabajo y estuve seis años sola. En el 2005 conocí al padre de mi hija y fui feliz, a los tres meses de vivir juntos me quedé embarazada, éramos unos padres felices pero una vez más la vida me puso a prueba: al año y medio de ser madre, mi marido cayó muy enfermo y luché contra viento y marea para ayudarle, era un hombre valiente que venció la enfermedad pero su empresa no pudo superar la crisis del 2008, y para salvarla, empezó a hacer proyectos en el extranjero solo, fue una dura prueba vivir separados, y más aún después de una enfermedad. En el 2013 mi hija y yo nos reunimos con mi marido en Ginebra, abandoné mi carrera laboral de veinte años, a mis padres y el país adoptivo donde vivía y me mudé a Suiza por amor. Pensaba que conseguiría algún trabajo pero los suizos consideraban que las mujeres; portuguesas, españolas o italianas debían estar en casa o trabajar como sirvientas. Tres años más tarde, en 2016 mi marido solicitó un traslado a Valencia porque la vida en Suiza empezaba a ser espantosa así que el 15 de abril del 2016 regresamos los tres a una ciudad donde fuimos recibidos con mucho cariño y nos sentimos en casa, era mi país de acogida. En mitad de todos estos desafíos nos fuimos alejando como pareja olvidando que el amor es dar todos los días; una caricia, un beso, un abrazo, una mirada y sorprender al amado. Me llamo Virginia María Pereira da Rocha, soy portuguesa nacida en Oporto, tengo cincuenta y cinco años, madre de una adolescente de diecisiete que habla cinco idiomas y quiere aprender cada día más. Empecé a trabajar en Valencia en una consultora como mediadora de negocios en Portugal. Actualmente trabajo también con otras tres más en; Portugal, Brasil y Chile. Mi sed de saber hizo que hace dos años comenzara los estudios de Comercio Internacional, no los necesitaba pero estaba decidida a emprenderlos. En junio presenté mi trabajo fin de curso con mucho éxito, de las dieciséis asignaturas aprobé catorce, me faltan dos a las que me presentaré en setiembre. Vivo con mi hija en un piso moderno de las afueras de Valencia y no consigo encontrar al príncipe azul, ¿estará cabalgando quizás en otras ciudades o reinos donde habitan los caballeros andantes'.

Un tropezón con Oslo

'Para sojuzgarlos resultó vano el halago e inútil la amenaza; inútil también desorejar, en la vieja metrópoli colonial, a centenares de indios prisioneros, no lograron, entonces, domar la raza, ni los habilidosos frailes con sus escapularios y oraciones, ni los valientes soldados de España con sus espadas, arcabuces, cascos y corazas. La doma, el embrutecimiento del indio, la destrucción de la raza bravía, quedó para otros conquistadores mil veces menos valientes, pero infinitamente más crueles y rapaces que aquellos españoles ¡y más arteros! para los conquistadores imperialistas yanquis secundados por criollos serviles'.

Carlos Luis Fallas, *Mamita Yunai*, p.73.

Biljana entró en la cervecería Lorry con la misma sonrisa que hace siete años y canas incipientes a los cincuenta recién cumplidos, es una mujer delgada, sencilla que seguía trabajando como secretaria de salud en el centro de Oslo y aún salía con el boxeador que ahora se encontraba de vacaciones en Grecia y nunca entraba en su casa de las afueras de Oslo por pudor. ¡Oh Noruega!. Me he vuelto a tropezar con esta ciudad en la que viví tres largos años y los recuerdos afloran en cascada. Sí, en esta ciudad impoluta que muestra esculturas surrealistas en el Parque del Palacio solamente se escucha el trasiego de los tranvías en Bogstadveien, la calle comercial que sube hasta Majorstuen, cerca de la facultad de Farmacia donde hace un año Ingunn fue apuñalada por un estudiante desequilibrado.Y el hilo de la cambiante memoria lleva también hasta Aalesund la ciudad *Jugend* en la que trabajé en una universidad repleta de mentecatos. De vuelta a Oslo, por unos días, desde el sur, donde parece que los españoles somos unos bichos raros, me he encontrado con William O'Rourque, el amigo de Boston que colaboró conmigo en la Cruz Roja, esa institución de idealistas que ofrecía café y solidaridad en la calle en bancos de madera de color rojo. William se ha marchado a Bangkok una semana para dejar el frío noruego y sumergirse en las lluvias monzónicas de Tailandia. Con su simpatía y talante abierto pude compensar la frialdad gris del ambiente; limpio, higiénico, plastificado, perfecto y silencioso de la ciudad. Sí, el primer día cayó temprano una lluvia fina que me obligó a comprar un paraguas, y por la tarde otra a cántaros que formaba riachuelos en las calles. Sí, Ingunn, la profesora de Farmacia, se salvó por poco del apuñalamiento, ha conseguido rehabilitarse, curar las heridas en el cuerpo y el alma, y hace poco realizó un viaje desde Túnez al Vaticano para probarse a sí misma que había sobrevivido y era capaz de viajar. Sí, la insania nos acecha en cualquier esquina con múltiples disfraces y formas: se encuentra en los logos de las marcas comerciales que sugieren comprar compulsivamente, en las maras satanistas salvadoreñas, en la brutalidad de las guerras y en esos vicios elementales que arrastra el hombre desde tiempo inmemorial. ¿Es esta ciudad un paraíso?, ¿qué sentido tiene que exista un palacio real o un rey?. La hija de Haakon, la princesa Marta Luisa, fisioterapeuta, abandonó hace años la Casa real para convertirse en ciudadana corriente, primero se casó con Ari Behn, un bohemio alcohólico perdido que acabó suicidándose. La fascinación de la princesa por el folklore noruego, así como su amor por la música, le llevó a establecer su propio negocio de entretenimiento basado en ofrecer espectáculos públicos televisados recitando cuentos populares. En enero de 2002, después de montar su propio negocio, comenzó a pagar impuestos sobre la renta. Dos años después publicó su primer libro infantil: *¿Por qué los reyes y las reinas no desgastan coronas?* Y en el 2007 abrió una Escuela de Ángeles junto a Elisabeth Nordeng orientada al desarrollo de la sensibilidad y la espiritualidad.

Durante una entrevista, la princesa declaró que *hablaba con su ángel de la guarda cada día*, frase que causó cierta polémica en el país y que incluso desde algunos medios de comunicación se llegó a pedir que fuese apartada de la Casa real. Hace unos años se enamoró perdidamente de Derek Verret, un terapeuta alternativo o chamán de color que aboga a favor de varias teorías conspirativas y ha sido calificado por medios noruegos y por alguno de sus críticos como un *estafador*. A pesar de todo se ha anunciado ya su boda en el Hotel Union del fiordo de Geiranger. ¿Insania en la Casa real?.Bueno, quedan los bosques impenetrables, los fiordos infinitos, el traje nacional que data del Siglo XVIII, el queso marrón, el salmón, el buenísmo y ese afán de que el extranjero se integre en la bella Noruega, en una vida cotidiana civilizada, cibernética y cívica. ¿Dónde quedaron los vikingos? ¿en el idioma cantarín con veintidós fonemas? ¿en el porte de los noruegos, rubios, de pelo largo y ojos azules?. Si, todo esto se cruza por la mente en este tropezón con la ciudad a la que he acudido para renovar el pasaporte groenlandés que me robaron en Madrid. Oslo es una ciudad de la que salí en pleno invierno hace siete años en un coche viejo con todas mis pertenencias materiales con destino al sur. Sí, fueron cinco largos días por carreteras heladas cruzando Europa para recuperar mis raíces, esas que son móviles y nos hacen caminar a pesar de todo y por todas partes. En Oslo se han quedado los jubilados recogiendo latas de las papeleras para venderlas en los supermercados y el café Pastis bistrobar del puerto donde la joven camarera, estudiante del último año del instituto, planea tomarse un año de vacaciones haciendo *surfing*. ¡Oh la bella Noruega donde todo es perfecto, limpio y boscoso!

EGON

Santander julio de 1936

William Sherman, general de la Unión en la Guerra Civil estadounidense (1820-1891) afirmó que; 'la guerra es un infierno, hay muchos chicos aquí hoy que ven la guerra como toda una gloria pero es todo un infierno'.

El bombardeo republicano en Cabra (Córdoba) en noviembre de 1938, los paseos, fusilamientos sumarios en ambos bandos durante la Guerra civil española, Paracuellos del Jarama, las checas, la masacre perpetrada por el ejército sublevado en Badajoz el 14 de agosto de 1936 donde murieron miles de civiles y milicianos, la *desbandada* o ataque aéreo contra civiles realizado entre 6-8 de febrero de 1937 en la carretera de Málaga a Almería por el bando sublevado o el bombardeo en Guernica el 26 de abril de 1937 por la aviación alemana fueron algunos de los *infiernos* en la Guerra civil. Hanna Arendt ha afirmado que tras la destrucción de la persona moral y el aniquilamiento de la persona jurídica el exterminio del individuo casi siempre tiene éxito y así no permanecen hombres o mujeres sino marionetas, *etiquetas despersonalizadas* como; *fascista*, *rojo* o *judío* degradadas y convertidas en seres supérfluos, infrahumanos como manifestación de la perversidad humana.

En el libro: *Tres días de Julio* de Luis Romero que analizaba el Alzamiento en diferentes ciudades y pueblos de España entre los días 17- 19 de Julio de 1936 no se citaba Santander, ciudad y provincia. ¿Cómo se perdió esta ciudad para el Alzamiento cuando toda la región era en su mayoría *de derechas*? Perdieron la iniciativa unos y la ganaron los otros. El adelantamiento del Alzamiento en Melilla, el 17 de Julio alertó al Frente Popular sobre lo que venía siendo un secreto a voces. Lo sucedido en Santoña fue decisivo para el fracaso del Alzamiento en toda la provincia en julio de 1936, se había gestado en marzo, ultimado en junio y fue alertado el Jefe del gobierno Casares Quiroga por el general Franco. Así se produjo un golpe de estado militar o un alzamiento civil y militar según cada bando que no fue inmediato sino fruto de la podredumbre política y el rencor social desde la pérdida de las colonias, la Revolución soviética de 1917 y el Desastre de Annual que se gestaron durante la República.

La proclamación de la ilegítima República de 1931 comenzó con un golpe de estado en unas elecciones municipales, -no plebiscitarias sobre el sistema de gobierno- en las que habían ganado las derechas. La República trajo; asesinatos, quema de iglesias y destrucción. El general Sanjurjo, a la vista de lo ocurrido en 1931, como director de la Guardia Civil, despidió al rey en 1932 y dio un golpe o *sanjurjada* que fracasó siendo condenado y enviado al penal del Dueso en Santoña. En 1933, terminado el bienio rojo, -de sangre, fango y lágrimas- según Martinez Barrio las izquierdas perdíeron las elecciones y los socialistas, junto con secesionistas y comunistas, dieron un golpe de estado contra la República en octubre de 1934. El Partido socialista, plenamente implicado, lo encabezaba su líder Indalecio Prieto.

Después de torturas, violaciones y asesinatos de hombres y mujeres por los revolucionarios y secesionistas, el ejército, con órdenes del Gobierno de la República acabó con el golpe de estado revolucionario. La mayoría de las víctimas se produjeron en Asturias y algunas fueron beatificadas por la Iglesia Católica. Como discurso blanqueador fue denominada: *Revolución de 1934* y no *Golpe de estado contra la República*. Posteriormente en vez de juicios y la aplicación de las leyes de la República frente a esta toma de poder se ha definido como: *represión del gobierno*. En toda España hubo unos 1.500 muertos y en 1934 se enfrentó la *anti-España contra la España secular*. En la provincia de Santander la revolución del 1934, que se centró sobre todo en Torrelavega, dejó once muertos. El batallón de Santoña fue enviado a la zona para pacificarla al mando del capitán Medialdea y del teniente Churiaque. A pesar del pucherazo de las izquierdas (manipulación de censo, votos y recuentos) coacción general y pasividad de las derechas en las mesas electorales, el 16 de febrero de 1936, sacaron en Santander cinco actas y el Frente popular dos.

El 17 de julio en el penal del Dueso centenares de prisioneros por la revolución de 1934 se lanzaron contra la guardia militar cuando el capitán Medialdea, tras los avisos pertinentes, tuvo que ordenar hacer fuego con el resultado de varios muertos y heridos. Hasta julio, la delincuencia marxista había tomado las calles. Se multiplicaron los asesinatos y agresiones, en muchos casos por venganza contra quienes se opusieron a la revolución de octubre. ¿Qué ocurrió en Santoña en julio de 1936?, el alcalde de la ciudad entre 1937 y 1938 hizo el 18 de febrero de 1938 como testigo ante el juez la siguiente declaración:

'Vicente Herrería Bermeosolo, de 45 años, procurador de los tribunales desde 1915, maestro y miembro de Renovación (partido monárquico), sobre lo ocurrido en Santoña en 1936: desde Junio de 1936 estuve en constante comunicación con los oficiales del ejército, residentes en Santoña, capitanes Carlos Medialdea, Carlos Guerra, Ángel Mirones y teniente Churiaque todos del batallón de Infantería de Valencia con el teniente de artillería Ulivarri, de la batería allí destacada, con el capitán de la Guardia Civil Victor Merchante y también con algún otro oficial; servía de enlace el dicente entre éstos y los elementos de derechas de Santoña que estaban dispuestos a secundar el Movimiento Nacional que se esperaba, y para ello contaba con cincuenta afiliados a la F.E. y otros doscientos jóvenes derechistas dispuestos a tomar las armas. Supo que del 10 al 15 de Julio estuvo allí el capitán de Requetés Sr. Cañizo para organizar a los jóvenes tradicionalistas y servir de enlace entre ellos y los mencionados oficiales del ejército; con la misma finalidad marchó el declarante en la mañana del 18 de Julio de 1936 a Burgos y a las quince o dieciséis horas estuvo en el Cuartel de San Marcial informando a sus jefes, al teniente coronel de caballería Don Marcelino Gavilán sobre la situación en Santoña; allí se enteró de cómo acordaron iniciar el Movimiento Nacional a las seis del día siguiente del diecinueve; cuando por la tarde del día dieciocho emprendía el testigo su regreso fue detenido a la salida de Burgos siendo liberado a las dos de la madrugada siguiente pues, a esa hora, los militares de Burgos habían proclamado ya el Estado de Guerra; le entregaron en el Gobierno civil algunos ejemplares del Bando firmado por el General Mola y emprendió rápidamente viaje a Santoña a donde llegó a las seis y cuarto del día diecinueve, presentándose en el Cuartel de Artillería donde entregó una copia del Bando a su capitán Sr. Espejo y a los tenientes Ulivarri y Ruiz Molina; a las seis y media fue al Cuartel de Infantería y habló con los capitanes

Medialdea, Guerra y Mirones y con varios alféreces de la escala de reserva, mostrándose todos dispuestos y decididos a publicar el Bando declaratorio del Estado de Guerra para las ocho de aquella mañana; les reiteró el ofrecimiento que anteriormente les hiciera de deshacerse del comandante García Vayas, pero le contestaron no ser preciso porque ellos le pondrían a buen recaudo; cuando terminaba la entrevista se presentó allí el capitán José Bueno Quejo, que aunque venía manifestándose como afecto a la Causa Nacional, infundía gran sospecha al testigo desde que días atrás le vió a media noche en conversaciones con Gregorio Villarías, Leoncio Villarías y Leoncio Alonso, los tres significados izquierdistas. Desde allí marcho a misa de siete y luego a casa en espera de los acontecimientos, y como pasara el tiempo sin darse muestras de que se hubiera declarado el Estado de Guerra, a las nueve se encaminó al Cuartel de Infantería donde no pudo entrar pues vio con sorpresa que en la puerta había tres policías y, en la esplanada de enfrente más de un centenar de rojos destacados; marchó entonces al Cuartel de Artillería y allí el teniente Ulivarri le refirió que los elementos del Frente Popular, se habían adelantado a los militares de Infantería y era preciso buscar hombres para asaltar el cuartel al mando de García Vayas; salió a reclutarlos y a la media hora llevó cincuenta hombres al cuartel y como al teniente Ulivarri le pareciesen pocos marchó a buscar más y cuando llevaba otros veinte se cruzó con una pareja de la Guardia Civil que llevaba, al parecer detenidos, a los capitanes Medialdea y Guerra; volvió en busca de nuevos voluntarios y en la plaza de San Antonio vio desfilar trescientos marineros formados sin armas en dirección al cuartel de Infantería y, al frente de ellos a Leoncio Villarías y a Leoncio Alonso; en aquellos momentos tuvo noticia de que la Guardia Civil buscaba al declarante para detenerle y viendo perdido el Movimiento en Santoña a las diez de aquella mañana huyó al pueblo de Noja en donde estuvo escondido hasta que en julio de 1937 pudo huir en un bote a Bilbao. Supo más tarde que el capitán

Bueno había sido el determinante del fracaso, pues hablaron desde el cuartel de Infantería de Santoña con el de Santander en la mañana del diez y nueve de julio 1936, y el coronel García Argüelles les recomendó que se aquietaran hasta recibir sus instrucciones, y que Bueno había influido para que se efectuase esa consulta y para que se cumpliera la orden del coronel; también supo que mientras ello ocurría estaban metidos en el despacho del comandante Vayas del cuartel, Gregorio Villarías y el alcalde rojo de Santoña Epifanio Azofra.

Firmado Vicente Herrería Bermeosolo'.

La indecisión del coronel García Argüelles en Santander y la de los oficiales en Santoña ante el comandante socialista Vayas, hicieron fracasar el Alzamiento con consecuencias muy graves para el curso de la guerra para algunos de los implicados y también para la población que quedó en manos de delincuentes asesinos en toda la provincia. En la Causa General de la Provincia se comprobaron: 1.212 casos de muerte o desaparición criminal (38 en Santoña), varones 1.178 y mujeres 34. De los asesinados 161 eran clérigos, 42 jefes y oficiales del Ejército, 170 falangistas, 68 requetés, 63 de Acción popular y 6 de Renovación española. Muchos asesinatos se hicieron por venganza tras el movimiento revolucionario de octubre de 1934.

Solamente se contabilizaron los casos de motivación ideológica obra del Frente Popular, sin incluir las muertes por delincuencia común. Faltaron en la lista de la Causa bastantes víctimas *desaparecidas*. Varios de los oficiales de la guarnición en Santoña fueron asesinados / linchados sin juicio por el gobierno del Frente Popular. El capitán Carlos Medialdea Albo, de la prisión provincial fue trasladado primero al barco-prisión y el 28 de setiembre de 1936 llevado a la prisión del Coto de Gijón donde *desapareció* (asesinado a machetazos según testimonios). Los capitanes Santiago Mirones de la Colina, Carlos Guerra Pérez, Modesto López Clavo, Adolfo Espejo García Castellanos y el alférez Emiliano Pinto Niño, fueron también asesinados en el barco-prisión fondeado en Santander el 27 de diciembre de 1936. El coronel Argüelles y el capitán Bueno fueron capturados por las tropas nacionales y tras consejo de guerra fusilados. El comandante Vayas se escapó a Francia, Villarías y Azofra huyeron a Hispanoamérica.

Santander 1936-1937

En Santoña destacaba desde 1917 Gregorio Villarías que en la huelga de 1917, su familia había colaborado con los dirigentes. En marzo de 1930 se organizó la agrupación del Partido Republicano Radical Socialista de Santoña y en agosto se expandió por todo Santander presidido por Gregorio Villarías detenido en diciembre 1930 ya que formaba parte del Comité provincial revolucionario en Jaca (que asumió el poder en nombre de la República en abril de 1931) y al poco tiempo fue nombrado gobernador civil de Burgos. En las detenciones y juicios posteriores al Golpe de octubre de 1934 ingresó detenido en el penal de Burgos y posteriormente en el Dueso de Santoña. A principios de 1935 comenzaron los juicios, en febrero fue sobreseído el de Epifanio Azofra y Villarías salió absuelto a finales de agosto. En mayo de 1935, se reorganizó la agrupación de Izquierda Republicana en Santoña quedando como presidente

Gregorio Villarías López y vicepresidente Epifanio Azofra. Al estallar el Alzamiento el 17 de julio de 1936, Villarías colaboró con Epifanio Azofra, alcalde de Santoña y el comandante García Vayas, -jefe del batallón- en la desarticulación del Alzamiento en la ciudad siendo también clave su lealtad al Gobierno de la República en todo Santander y por tanto corresponsable, junto con los citados, de la detención y posterior asesinato y desaparición de las víctimas en toda la provincia y particularmente en Santoña. En su declaración del 26 de Julio de 1936 Epifanio Azofra afirmaba:

'Sospeché que Vicente Herrería Bermeosolo fuese un enlace militar o agitador de la sublevación ya que es elemento significadísimo de Renovación y hombre de acción francamente peligroso, mientras ordenaba al ciudadano Argos que le indicase a todos los hombres de izquierdas de la localidad que salieran a las calles provistos de las armas de que dispusieran y ordenaba también al jefe de la Guardia Civil, por conducto del sargento de la Comandancia, que no se cachease a ninguno de los elementos de izquierda. A las diez y media de la noche del dieciocho le avisaron de que el capitán de la Guardia Civil, con el sargento y un guardia estaban cacheando a toda la población civil de izquierdas que se encontraba en la Plaza de la República, todo lo contrario de lo que se le había ordenado y por tanto constituía una provocación, seguramente como táctica para encontrar el choque que buscaban al objeto de tirarse a la calle con la guarnición, fue el declarante corriendo hasta la citada plaza ordenando retirarse a las fuerzas citadas que a duras penas se vieron obligadas a obedecer, con lo que se salvó uno de los momentos difíciles de aquella noche.'

Insistía el ex alcalde en que el capitán Merchante de la Guardia Civil permitió el intento de provocación que consideraba necesario para elegir mejor a los oficiales de la guarnición afines a la República y que no fue detenido a pesar de que se presentó en el Comité de Guerra como el hombre más peligroso en la guarnición, y tampoco se ordenó su detención en el despacho del gobernador ya que antes de sacar el resto de las fuerzas debía detenerse primero al capitán de la Guardia Civil porque había que actuar con mucho tino ya que en muchos lugares de España permanecía leal Gobierno, y de otra parte, no estaba perfectamente despejada la situación de dichas fuerzas en Santander.Vicente Herrería Aramburu, de dieciséis años, hijo de Vicente Herrería Bermeosolo, fue detenido y conducido a Santander, se arrojó del vehículo en marcha pero fue capturado y posteriormente enviado a una unidad de trabajos forzados de donde consiguió escapar y pasarse al bando nacional y acabó la guerra como oficial provisional.

En la Causa General de la Provincia hubo 1.212 casos comprobados de muerte o desaparición criminal (38 en Santoña). La matanza más grave fue la de 156 presos en el barco-prisión Alfonso Pérez el 27 diciembre de 1936. Todo se hizo con premeditación y alevosía bajo la supervisión del gobernador Ruiz Olazarán y del comisario chequista Neila Martín. Los asesinos lanzaron bombas de mano y dispararon con subfusiles a los presos en el fondo de las bodegas provocando muchos muertos y heridos, después bajaron e identificaron a los presos con una lista y por profesiones obligaron a que subieran de a uno a todos los sacerdotes, entre ellos a don Francisco González de Córdoba párroco de Santoña, militares, falangistas, requetés, al ex-alcalde y al ex-concejal de la CEDA de Santander Sr. Villegas y al Sr. Bustamante respectivamente. En cubierta los asesinaron de un tiro en la nuca. José María Burgón López Dóriga Bustamante con 19 años fue arrestado en diciembre de 1936 y llevado al buque Alfonso Pérez después de meses de cautiverio pero salvó la vida tras recibir un disparo en la nuca al girar la cabeza para presenciar los asesinatos de su padre Valentín Burgón, su hermano Antonio y un primo.

Cuando Vicente Díaz era teniente tuvo el honor de conocerle como coronel Jefe de Estado Mayor del sector del Sahara 1973-1975, más tarde José María Bourgón López Dóriga Bustamante ascendería a comandante y delegado del gobierno en Melilla, y posteriormente fue nombrado primer jefe del CESID, los Servicios de Inteligencia españoles, fue un hombre inteligente y bueno, todo un ejemplo de servicio a España en guerra y paz, más aún cuando cainitas y acomplejados solamente hablan de sus abuelos represaliados o fusilados empeñados en dividir al igual que los politicastros que llevaron a la Guerra civil. Además de los 156 asesinados en el barco-prisión muchos más fueron los desaparecidos y asesinados de diversa manera y diferentes lugares. Los métodos más corrientes fueron: ahogamiento en el mar, quemados vivos, disparos y golpes o enterrados vivos. Los escenarios más frecuentes fueron: la bocana de la bahía de Santander con dos centenares de asesinados, fondeados con un trozo de hierro o una piedra y las manos atadas. Testigos que intervinieron en los asesinatos afirmaron que se preparaban hierros y cuerdas en serie, las autopsias de los forenses de muchos cadáveres extraídos del mar confirmaron que todos estaban atados con los mismos nudos y cuerdas de la misma forma. La prensa francesa de entonces publicaba la aparición frecuente en sus costas de cadáveres con las manos atadas y etiquetas de comercios santanderinos en la ropa. 56 cadáveres fueron quemados impregnando gasolina en la ropa. Los detenidos casi siempre fueron quemados vivos y rematados con un tiro de gracia. En carreteras aisladas como la de Saja donde se encontraron 43 cadáveres; Jesús del Monte 33, algunos quemados; la Cuesta de la Montaña y alrededores de Torrelavega 19, algunos de ellos quemados; San Cipriano 9, de los cuales 6 quemados. En la Causa General se relatan más de 50 casos de asesinatos especialmente crueles; torturas, violaciones de mujeres, robos y en muchos casos la aniquilación de familias enteras. No se incluyeron en la Causa los asesinatos si no aparecían suficientemente probados en los sumarios y en ciertos casos faltaron pruebas por temor de los familiares a denunciarlos; o porque la víctima carecía de familiares; o por estar ausentes éstos; también hubo vascos y asturianos asesinados en Santander ni tampoco se incluyeron un centenar de presos de la Brigada disciplinaria de Santander asesinados en la playa de La Franca dentro de los límites de Asturias. Miguel de Unamuno decía en este sentido que:

'...hablamos del Gobierno de Madrid, pero allí ya no hay gobierno. El poder está en manos de bandas de asesinos excarcelados que empuñan fusiles. Me impresiona que hoy, incluso solo pueda confiar en que nos salve el Ejército'

En los asesinatos del terror rojo en Santander se habla de *incontrolados* pero desde julio de 1936 hasta agosto de 1937 fueron; socialistas marxistas seguidores de Indalecio Prieto, Largo Caballero o Negrín (y no de Besteiro) los que gobernaron en Santander y Santoña. Socialistas fueron: el diputado y comisario de guerra Bruno Alonso y su sucesor en el cargo Antonio Somarriba, Pablo Alonso, hijo de Bruno, como policía de Neila fue uno de los asesinos significados nombrado teniente en el Ejército rojo quien asesinaría en Santoña a Luis Martínez Crespo y Abelardo Miguel Cruz, gobernador y delegado del Gobierno para Santander, Palencia y Burgos respectivamente. Juan Ruiz Olazarán había sido camarero y en julio de 1936 dirigió el Gobierno Civil convirtiéndose en el Beria de Santander. Todos los puestos políticos o militares pasaron a manos de sus amigos y correligionarios. Al finalizar la guerra huyó a Méjico donde murió en 1999.Fueron también socialistas: el consejero de Obras Públicas Antonio Vayas, el de Comercio Feliciano Leiza, el de Trabajo Antonio Ramos, el de Hacienda Moya; el secretario del Consejo Doalto; el alcalde Cipriano González; el comandante militar de Santander José García Vayas que huyó a Francia, y el alcalde de Santoña Epifanio Azofra que se refugió en Perú. E igualmente fueron socialistas los directores de la masacre, el comisario de policía del Frente Popular Manuel Neila, su segundo Vicente Escribano y su secretario Máximo Castanedo. Manuel Neila Martín, socialista, dependiente de comercio y campeón de tiro, fue desde el principio el autor de un régimen de terror. Fue nombrado por el gobernador civil Juan Ruiz Olazarán, dirigió la checa más importante de Santander y su labor se extendió por toda la provincia; violador, torturador y asesino, hizo desaparecer a muchos asesinados y robando a los prisioneros se hizo con una fortuna. Neila huyó a Bayona donde habría sido detenido en marzo de 1938 por apropiación ilegal de dinero y joyas y haber asesinado en Santander a un súbdito francés aunque pudo escapar después a México, donde arrepentido se convirtió en un católico practicante, murió en los años sesenta. A pesar de la desinformación, medias verdades y calificativos justificatorios y blanqueadores de los horribles crímenes del bando rojo, los crímenes del bando nacional siempre fueron notablemente inferiores y menos crueles que los del Frente Popular en las zonas bajo control militar. Al entrar los nacionales en Santander vinieron los juicios. Según estadillo de la Auditoría de Guerra de 18 de Octubre, en los 6.824 Consejos de Guerra celebrados en Santander y Santoña, fueron impuestas las siguientes sentencias: 1.362 penas de muerte (con más más indultos que ejecuciones), 2.629 penas de cárcel y 2.833 absoluciones o sobreseimientos. Se dieron como ajusticiados muchas personas que huyeron al extranjero.

Vicente Díaz de Villegas y Herrería
General de División retirado
15/23 junio 2021
(Archivos estatales, Ministerio de Cultura:
M.3089.560 /202-209 / N 9.766.679:24/25)